《评估指南》背景下幼儿园保育教育

保育工作

主编◎徐曼丽　陈晓鹭　韩　志

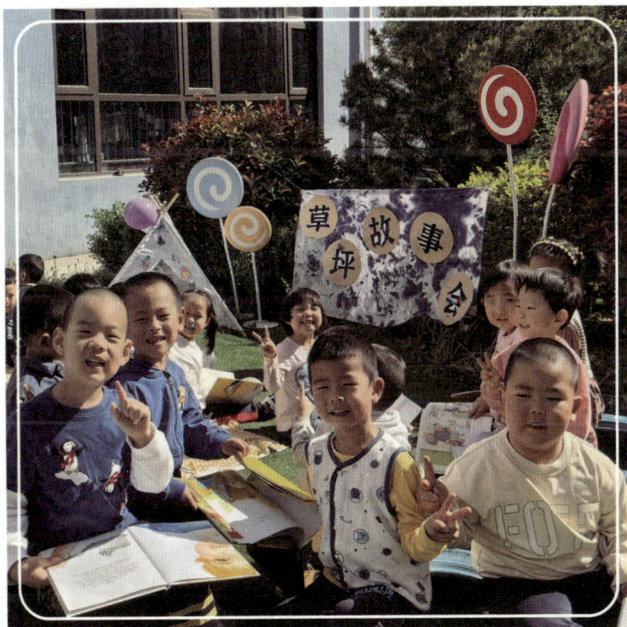

中国出版集团有限公司

世界图书出版公司
北京　广州　上海　西安

学前教育工作是一项奠基工程，也是一项未来工程。办好学前教育，关系亿万儿童健康成长，关系社会和谐稳定，关系党和国家事业未来。

党的十九大提出，要在"幼有所育""幼有优育"上不断取得新进展，习近平总书记就学前教育改革发展多次作出重要批示。我国已经进入高质量发展阶段，党的十九届五中全会从国家层面提出了建设高质量教育体系的要求。由此，学前教育已真正成为高质量教育体系的有机组成部分。

"十四五"是学前教育从高速增长向高质量发展转型的关键期，即从公益普惠向优质发展。为此，我们应根据高质量的要求，深入思考学前教育改革和发展中关于"培养什么人、怎样培养人、为谁培养人"的根本问题。2022 年 2 月，教育部印发《幼儿园保育教育质量评估指南》（以下简称《评估指南》）指出，坚持社会主义办园方向，践行立德树人的使命，树立科学评价导向，推动构建科学保教体系，整体提升幼儿园办学水平和保教质量。《评估指南》首次将"品德启蒙"列入幼儿园"办园方向"关键指标，幼儿品德启蒙教育的重要性愈加凸显。

幼儿教育除了文化启蒙，更重要的是良好品德的培养，对于幼儿个体成长与发展具有重要的奠基作用。

《评估指南》颁布两年以来，各地纷纷响应，践行文件精神。但是很多幼儿园依然无法理解和参透《评估指南》的精髓，无法真正落实其精神，不知如何在保育教育中践行。在现实执行过程中文件是文件，保教过程是保教过程，两者出现了剥离，前者成了用来学习的理论，并没有很好地引导后者质量的提高。

怎样在两者之间架起联系的桥梁，让文件的精神落实在保教过程中，更契合一线工作者的需求呢？

本书立足幼儿品德启蒙教育探索与研究，以习近平新时代中国特色社会主义思想为引领，贯彻《新时代幼儿园教师职业行为十项准则》和《评估指南》，从《评估指南》中提取品德教育、保育工作、运动健康、安全工作、一日生活、幼小衔接、师幼互动、家园共育、环境创设、园本教研十个核心方面，分别进行阐述，其内容全面，涉及幼儿园工作的各个方面；每册目标鲜明、主题突出、论述亲切、可读，案例选材经典、主题深入、分析精练，有利于教师灵活使用。

为了增强可读性、时效性和操作性，图书中的案例作者以幼儿园一线教师为主，事件是发生在实际生活中的，建议是基于成功经验的总结和提升的，他们能够以理论为工具，对教育行为和实践进行对照分析，每个案例的说明，都以落实《评估指南》为目标，能尽快提高师德素养与保教能力，也有助于幼儿家长等社会人士了解幼儿品德启蒙教育的相关知识与技巧。

希望本书能够引起广大教师的共鸣，为幼儿品德启蒙教育实践提供借鉴与指导。让《评估指南》不再是文字要求，而是行为自觉。

希望这本书能给幼教工作者们以启发，也希望对幼儿园品德课程改革起到引领、启迪和借鉴的作用。

杨雅清

　　《评估指南》的颁布，给幼儿园指明了方向。但如何让幼儿园一线教师学好、用好《评估指南》？这就需要我们将新保育观落实到自身岗位工作中，促进幼儿一日生活管理规范化、细致化，真正做到"保教结合，教养并重"。

　　本书旨在深入贯彻《评估指南》精神，让全体教师树立科学的保育教育理念，掌握教育活动保育要点，增强角色意识，优化、完善保育工作，树立正确儿童观，提高自身理论知识水平，致力打造高质量的保育教师队伍，为幼儿健康成长保驾护航。

　　本书从教师实际工作需求出发，设计了五个章节内容，包括《评估指南》背景下保育工作概述、目标、核心内涵、教育活动案例、现象解读及保育指导。第一章"《评估指南》背景下保育工作概述"对关键指标的意义及任务、考查要点如何理解进行了具体阐述；第二章"保育目标"围绕《3～6岁儿童学习与发展指南》《评估指南》中"保教结合""落实规范"两个维度阐述关注幼儿"保"持专业，"育"有质量；第三章"保育核心内涵"主要从生活自主、良好习惯入手，为教师提供具体、有效的做法；第四章"健康成长背景下生活照料解读"从保育工作的重中之重、实质性工作内容等做了翔实解读；第五章"教育活动中的保育要点"结合各教育环节的保育要点进行梳理，并在每一环节中针对容易出现的问题，以一个个生动、真实的案例故事，走进幼儿、观察幼儿、关爱幼儿，紧紧围绕保育主题，将自己的思考和具体解决问题的操作实施方法供大家借鉴参考，对典型案例进行深入剖析，进一步优化保育员日常保育行为，促进保育队伍的专业化成长。

本书凝聚了一线教师们多年的工作经验与实践智慧，结合《评估指南》新理念为同行提供了保育工作的新见解。让我们在日常保教工作中保于细、育于心、精于勤、超于专，给幼儿提供高标准的保育教育服务，为幼儿的身心健康发展保驾护航。

目录

第四章　健康成长背景下生活照料解读

第五章　教育活动中的保育要点

微信扫码

● AI 教学助手
● 内容图谱
● 知识图卡
● 保育笔记

第一章
《评估指南》背景下保育工作概述

第一节 《评估指南》中保育工作关键指标

《评估指南》中 A2 保育工作包括 B4 卫生保健、B5 生活照顾两项关键指标，旨在促进幼儿园加强膳食营养、疾病预防、健康检查等工作，建立合理的生活常规，养成劳动习惯，增强环保意识、集体责任感，强化医护保健人员配备、制度落实，确保幼儿身心健康发展。

A2保育工作	
关键指标B4 卫生保健	关键指标B5 生活照料
意义：幼儿发展关键期	意义：保证幼儿健康成长
《幼儿园工作规程》中提出，必须切实做好幼儿生理和心理卫生保健工作。	《幼儿园工作规程》中提出，幼儿园日常生活组织，要从实际出发，建立必要的合理的常规，坚持一贯性、一致性和灵活性的原则，培养幼儿的良好习惯和初步的生活自理能力。
任务： 　（一）为幼儿提供适合其年龄特点的环境，一切保健措施必须以保护幼儿身心健康为主要内容和出发点，促进幼儿身心健康、全面发展。（中心任务） 　（二）贯彻预防为主、保教结合工作方针，为幼儿创造良好生活环境，预防控制传染病，降低常见病的发病率，培养健康生活习惯，保障幼儿身心健康。（主要任务）	任务： 　（一）全面照顾和关爱幼儿，满足身体和心理发展需要，维护增进幼儿身心健康。（重要保证） 　（二）给予幼儿精心的照顾和教育，帮助其身体机能良好的发育与身体健康，培养良好生活卫生习惯，帮助幼儿逐步学习以健康的方式生活。

第二节　《评估指南》中保育工作评估指标

一、卫生保健评估指标

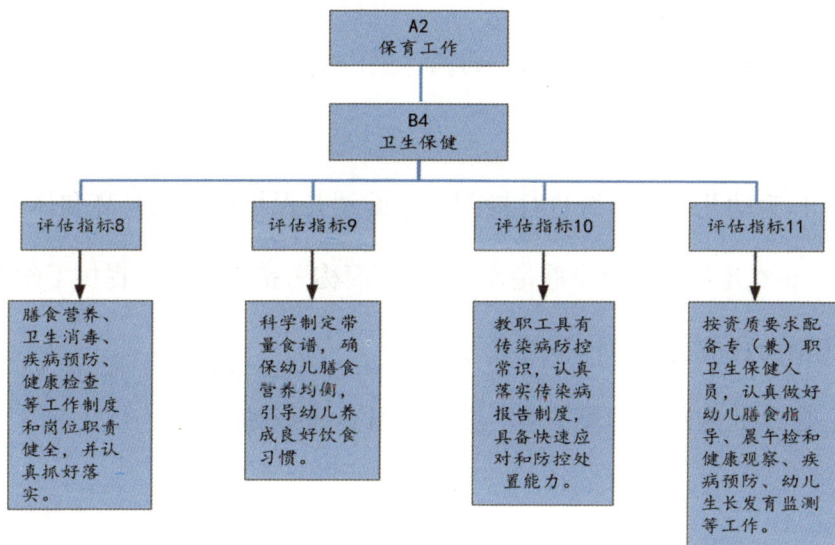

```
                    ┌──────────┐
                    │    A2    │
                    │  保育工作  │
                    └────┬─────┘
                    ┌────┴─────┐
                    │    B4    │
                    │  卫生保健  │
                    └────┬─────┘
     ┌──────────┬───────┼────────┬──────────┐
┌────────┐ ┌────────┐ ┌─────────┐ ┌─────────┐
│评估指标8 │ │评估指标9 │ │评估指标10│ │评估指标11│
└───┬────┘ └───┬────┘ └────┬────┘ └────┬────┘
```

评估指标8	评估指标9	评估指标10	评估指标11
膳食营养、卫生消毒、疾病预防、健康检查等工作制度和岗位职责健全，并认真抓好落实。	科学制定带量食谱，确保幼儿膳食营养均衡，引导幼儿养成良好饮食习惯。	教职工具有传染病防控常识，认真落实传染病报告制度，具备快速应对和防控处置能力。	按资质要求配备专（兼）职卫生保健人员，认真做好幼儿膳食指导、晨午检和健康观察、疾病预防、幼儿生长发育监测等工作。

（一）制度健全

有关幼儿一日生活的安排、儿童膳食、卫生与消毒、伤害预防等方面的具体要求，卫生部2012年3月颁布的《托儿所幼儿园卫生保健工作规范》等相关文件中做了明确的规定，幼儿园应认真贯彻和执行，这是为幼儿提供良好的生活环境的重要环节。

（二）营养均衡

对幼儿来说，营养均衡是饮食习惯的养成，而不仅是吃好、喝好。

（三）疾病预防

1. 做好预防性消毒工作，如餐前消毒、水杯清消、幼儿卫生习惯等。每学期组织各种高发传染疾病防控联合模拟演练，以此提高预防和控制突发流行性疾病和传染病防治事件的应对处置能力。

2. 坚持常态化清洗消毒、通风，室内空气消毒等。

（四）做好工作

1. 为幼儿生长发育进行检测，帮助幼儿保持适宜的身高和体重，《3～6岁儿童学习与发展指南》（以下简称《指南》），中提供了幼儿各年龄阶段的身高、体重的参考数据。

2. 幼儿园幼儿的晨午检、测量体温等健康观察。

二、生活照料评估指标

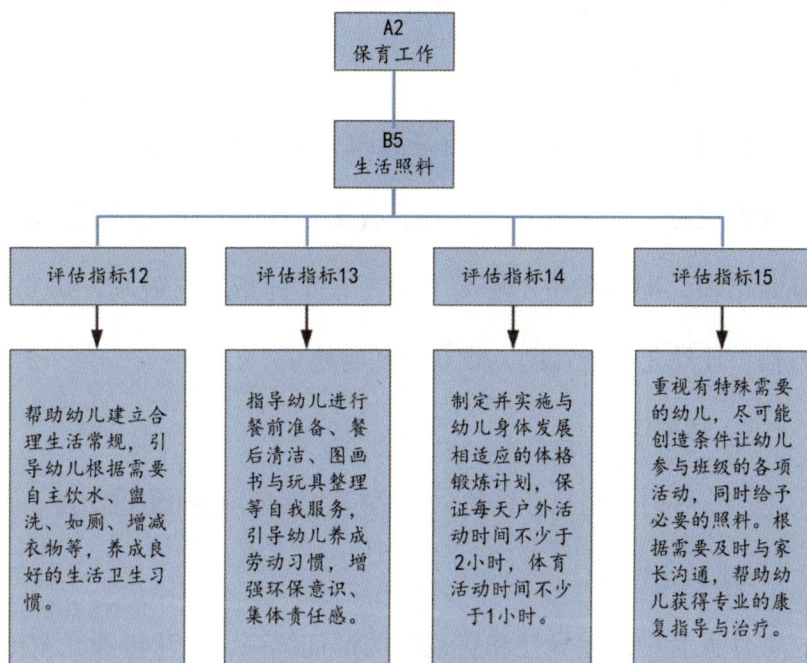

```
                        ┌──────────────┐
                        │     A2       │
                        │   保育工作    │
                        └──────┬───────┘
                               │
                        ┌──────┴───────┐
                        │     B5       │
                        │   生活照料    │
                        └──────┬───────┘
        ┌──────────────┬───────┼───────────┬──────────────┐
   ┌────┴─────┐  ┌─────┴────┐ ┌┴─────────┐ ┌──────┴─────┐
   │ 评估指标12 │  │ 评估指标13 │ │ 评估指标14 │ │ 评估指标15  │
   └────┬─────┘  └─────┬────┘ └──┬───────┘ └──────┬─────┘
        ▼              ▼         ▼                ▼
```

评估指标12	评估指标13	评估指标14	评估指标15
帮助幼儿建立合理生活常规，引导幼儿根据需要自主饮水、盥洗、如厕、增减衣物等，养成良好的生活卫生习惯。	指导幼儿进行餐前准备、餐后清洁、图画书与玩具整理等自我服务，引导幼儿养成劳动习惯，增强环保意识、集体责任感。	制定并实施与幼儿身体发展相适应的体格锻炼计划，保证每天户外活动时间不少于2小时，体育活动时间不少于1小时。	重视有特殊需要的幼儿，尽可能创造条件让幼儿参与班级的各项活动，同时给予必要的照料。根据需要及时与家长沟通，帮助幼儿获得专业的康复指导与治疗。

（一）生活常规

1. 让幼儿保持规律生活，养成良好的作息习惯，如早睡早起、每天午睡、按时进餐、吃好早餐等。

2. 帮助幼儿养成良好的饮食习惯。如：合理安排餐点，帮助幼儿养成定点、定时、定量进餐的习惯。吃饭时不过分催促，提醒幼儿细嚼慢咽，不要边吃边玩。

3. 帮助幼儿养成良好的个人卫生习惯，如饭后漱口。

4. 鼓励幼儿做力所能及的事情。

5.指导幼儿学习和掌握生活自理的基本方法。

6.提供有利于幼儿生活自理的条件。

（二）自我服务

通过自理能力大赛，利用入离园、午睡等一日环节中的契机，培养幼儿脱鞋、穿脱外衣、穿鞋、叠被子等基本生活技能，放手让幼儿自己做，即使做得不够好，给予一定的指导与鼓励，树立自尊和自信，让幼儿互帮互助，收获成长与快乐。

（三）体格锻炼

季节交替时要坚持，锻炼幼儿适应生活环境变化的能力。

（四）特殊照顾

关注保育中的差异性和普遍性的辩证统一，关注特殊儿童保育，非一刀切保育模式。

第二章
幼儿园保育工作的主要目标

《指南》中儿童健康领域的内容包含身心状况、动作发展、生活习惯与生活能力三个方面。树立新的保育理念："关注幼儿的性格培养、心理保健、生活习惯养成等心理和社会适应的发展。"既要保证幼儿身体的健康成长，还要促进其心理发展和社会适应能力的提高。

《评估指南》中指出幼儿园保育主要目标：促进幼儿身体正常发育和机能的协调发展，增强体质，培养良好的生活习惯、卫生习惯和参加体育活动的兴趣。

保育工作是幼儿园重要工作之一，是幼儿成长中不可缺少的一部分。坚持"保教结合"的基本方针，俯下身去接纳、照顾幼儿。面对幼儿细心观察、呵护和引导；面对琐碎工作事无巨细、环环相扣、落实规范、有序流畅；面对幼儿和家长的教育指导耐心细腻，促进幼儿一日生活保育工作的科学化、规范化、精细化，"保"持专业，"育"有质量。

第三章
幼儿园保育工作核心内涵

第一节 生活自主

《指南》提出：幼儿的学习是以直接经验为基础，在游戏和日常生活中进行的。也就是说幼儿学习与生活相互交融，学习、生活、发展三位一体，是幼儿学习的独特之处。其核心内涵之一就是让幼儿学会生活，让幼儿学会基本的生活自理能力。

幼儿生活自主能力是指幼儿在日常生活中照料自己生活的自我服务性劳动的能力。简言之就是自我服务，自己照顾自己，它是一个人应该具备的最基本的生活技能。杜威曾说过，一日生活是幼儿在幼儿园一天的全部经历，是幼儿生命充实与展现的历程，是个体在参与、体验与创造中，利用环境自我更新的历程。幼儿园一日生活都是教育。幼儿又是独立的个体，他们有独立性、自主性。将自主贯穿于一日生活是很有必要的。

1. 丰富幼儿的生活经验，培养他们发现问题、解决问题的能力，并让他们能用自己的方法去实践。引导幼儿多动手，或者多思考，让他习惯积极地参与到生活各种事情中。

2. 创设宽松氛围，与幼儿探寻解决问题的方法和学习技巧，提高幼儿独立自主能力。当他遇到困难时给予适当的提示帮助，授之以渔。先从容易的事情着手，让幼儿获得成功后的喜悦，并建立自信心。

3.学会放手，给幼儿提供独立自主的机会，提高独立自主能力。为幼儿多创设条件，多提供独立自主的机会：让幼儿整理玩具、自己穿衣服、整理床铺等。给予指导和鼓励，让幼儿增强积极性，支持幼儿在实践的过程中积累经验，生活能力得到发展。

4.家园配合，发挥教育合力，达成培养幼儿自主能力共识，促进幼儿全面发展。让幼儿在日常生活中观察、模仿、学习大人的各种行为动作。通过情景模拟学习等方式让幼儿掌握一些基本的生活技能（自理能力、社交能力、动手能力），如自己穿脱衣服、洗手、盥洗如厕、整理书包、简单家务等。

第二节　良好习惯

习惯是一种定型性行为。

生活习惯是一种定型性生活行为。

良好生活习惯是一种定型性良好生活行为。培养幼儿养成良好的生活习惯是幼儿园保育工作的核心。

叶圣陶曾说过：教育是什么？简单一句话，就是要养成良好习惯。幼儿的生活习惯是指幼儿在饮食起居等方面由重复或练习而固定下来并变成需要的行为方式。良好的生活习惯是指幼儿在科学引导的基础上，经过多次练习所形成的、符合幼儿身心发育特点的良好生活常规及初步的生活自理能力。幼儿良好的生活习惯包括良好的卫生习惯、饮食习惯、睡眠起居习惯、与个人生活有关的行为习惯等。比如：早睡早起，生活有规律；讲卫生，爱干净；自己叠被子、叠衣服、打扫房间、洗自己的袜子、整理自己的学习用品；吃饭时不挑菜、不剩饭、多吃蔬菜、不讲话等。

一、培养幼儿规律生活

所有的生活内容，如起床、进餐、学习、就寝等，都应当有科学合理安排与划分，并在每天固定的时间范围内实施。规律生活，可以让儿童身体的各个系统都有规则地工作和休息，做到张弛有度。重复多次，大脑皮质在时间刺激的影响下，使幼儿形成按时进餐、按时入睡等良好的生活习惯。

二、给予幼儿明确的习惯要求

培养幼儿良好习惯时，要做到教授内容具体、明确，语言简练、通俗易懂，适合幼儿的年龄特征。只有要求具体、明确，幼儿才好照着去做。2～3岁应强化模仿学习，以行为主，以理为辅；3岁以后则行教并重、训练结合，让幼儿知道这样做的道理。

三、给予幼儿鼓励和肯定，让其慢慢养成好习惯

幼儿表现出良好习惯行为要受到鼓励，让幼儿从自己的行为中得到愉悦，形成良好品质。幼儿表现出的一些不良行为习惯要注意及时发现并纠正，教给幼儿正确的做法并贯彻在幼儿一日生活中反复练习，强化良好习惯的养成。培养幼儿良好习惯是在日复一日不断重复中使习惯得到不断强化、逐步形成的。

四、家园配合，以身作则

幼儿有很强的可塑性和模仿性，他们会细致观察，无时无刻不在模仿成人的言行举止，成人的行为习惯潜移默化地熏陶着他们。成人一定要严于律己、以身作则，家园要求一致。凡是要求幼儿做的自己先做到，要求幼儿不能做的自己也不违反。一旦违反，在幼

儿面前要勇于承认错误并改正，做好幼儿良好习惯的榜样。

结合实际培养幼儿自理能力和良好习惯	
培养内容	培养方法
日常生活自理能力	鼓励幼儿自己动手完成生活中的一些基本任务，如洗手、洗脸、穿脱衣服、整理床铺等。开始时给予幼儿一些指导和帮助，需逐渐减少干预，让幼儿学会独立完成任务。
饮食习惯	应该引导幼儿养成健康的饮食习惯，如定时定量进餐、不暴饮暴食、少吃零食等。在进餐过程中，引导幼儿自己摆放餐具、洗手、咀嚼食物等，培养幼儿的自主进食能力。
卫生习惯	引导幼儿养成良好的卫生习惯，如勤洗手、刷牙、洗澡等。向幼儿讲解卫生习惯的重要性，并给予示范和指导，帮助幼儿掌握正确的卫生习惯。
学习能力	通过各种教育活动和游戏，培养幼儿的学习能力，如注意力、观察力、记忆力、思维能力和语言表达能力等。给予幼儿充分的自主探究和动手操作的机会，鼓励幼儿积极思考和探索。
情绪管理	引导幼儿学会管理和表达自己的情绪，如通过沟通、转移注意力、寻找解决问题的方法等。在处理幼儿情绪问题时，以积极的态度和适宜的方式给予支持和引导，帮助幼儿学会正确处理情绪问题。
社交技能	鼓励幼儿与同伴交往，培养幼儿的社交技能，如分享、合作、协商等。在游戏和活动中，引导幼儿学会与同伴合作、分享和交流，促进幼儿的社交发展。
良好的行为习惯	引导幼儿养成良好的行为习惯，如礼貌待人、尊重他人、爱护公物等。在日常生活中通过自身的言行举止和示范作用，帮助幼儿养成良好的行为习惯。

第四章
健康成长背景下生活照料解读

第一节　生活照料的重要性

生活照料是成人站在儿童立场发现孩子、引导孩子的过程，是给予孩子支持鼓励的过程，是认识儿童、懂得儿童、成就儿童发展的过程。在这样的过程中，成人也能得以了解儿童是如何学习的，分析儿童在生活中的认知和发展水平。生活活动是幼儿园课程的重要组成部分，科学、合理、有序的生活活动对保护和促进幼儿的身心健康成长、培养幼儿的自理能力、养成积极的生活态度有着重要的作用。作为幼儿园教师，我们要重视幼儿一日活动中的有效照料，并带着教育者特有的敏感性对幼儿进行生活培养，使生活活动成为幼儿成长的重要基石。

生活照料从生活中展开，教师心目中要装着一日生活中每个环节中的重要事件，并能够在日常观察中预判幼儿可能会出现的问题，减少对幼儿机体的不良影响，更好地维护幼儿健康发展。如：控制好空调使用的温度；控制好儿童的饭菜量；关注和帮助个别幼儿整理好衣裤，保证幼儿不露肚皮着凉；要注意运动前和运动中幼儿的运动量与服装的关系，随时增减衣服；冬季饭菜易凉，要有措施保证幼儿始终能吃上热饭热菜等等，以保证幼儿健康成长。

第二节　生活照料的实质

如果我们把生活照料理解为：责任心＝包办代替，细心细致＝大包大揽，保护照护＝不磕不碰，那么这样的生活照料就会剥夺幼儿的成长速度、生长空间和自由发展，违背发展的初心。

幼儿需要逐渐脱离成人（教师、家长）无微不至的关怀和照顾，需要根据他们的发展适宜地减少介入，让幼儿完全独立。在劳动中学习、在探究中思考、在操作中感知，以实现幼儿养成良好生活习惯，建立健康生活方式。脱离成人慢慢开启自己主动的动手实践，学会合理的方法与技巧，增强幼儿自我照顾服务意识，强化幼儿的自我管理。培养孩子的自理性、独立性和自信心，不是等、靠、要，而是要让幼儿学会自己照料自己、自己认识自己、自己了解自己。做到"保"生活照料，"育"健康成长。

第三节　生活照料的原则

1.坚持幼儿第一，始终将幼儿的生命安全和健康保护放在首位。

2.遵循幼儿身心发展规律，注重个体差异，及时回应和满足每个幼儿的不同需求，引导幼儿个性健康发展。

3.提供安全、卫生、充满关爱的环境，满足幼儿身心发展需求。

4.引导幼儿进行自我服务，培养劳动意识和习惯，不宜过度保护和包办代替。

5.重视有特殊需要的幼儿，给予必要照料，根据需要及时与家长沟通，帮助幼儿获得专业的康复指导与治疗。

幼儿园一日生活照料中对幼儿进行生活培养，促进幼儿体、智、德、美、劳全面发展。要做到日常琐碎生活观察精于细心；照料充满爱心；呵护照顾尽心尽力。培养幼儿发展有成效，教师日常照料有效力，家长配合支持有效应。

第四节　生活照料主要内容

生活照料			
生活常规	自我服务	体格锻炼	特殊照护
科学、合理地安排和组织一日生活。建立良好的常规，避免不必要的管理行为，逐步引导幼儿学习自我管理。	自主安排时间，自主做出选择和计划，自主地支配班级玩具和其他物品，学习自我服务和自主地享用自己的劳动成果。在自主的生活中实现自我意识和自我能力的发展，学会负责任地关照好自己的身体和心理健康。	体锻计划要求：是否促进幼儿上肢下肢全身运动（全面性）；是否促进幼儿的敏捷性、协调性以及力量等多方面的发展。 　　1.具有一定的平衡能力，动作协调、灵敏。 　　2.具有一定的力量和耐力。 　　3.手的动作灵活协调。	尊重幼儿个体差异，针对特殊需求幼儿，提供适应性的环境，给予更多的关注和照顾，配合专业人员，家园共育提供照顾与支持。

第五章
教育活动中的保育要点

第一节　游戏活动保育要点

一、准备部分保育要点

＊活动前与教师沟通，了解活动目的和要求，做好游戏前材料、场地等准备。

＊观察幼儿衣着，以方便进行游戏活动为宜，不携带危险物品。

微信扫码
AI 教学助手
内容图谱
知识图卡
保育笔记

反正鞋

▶ 场景描述

　　下午"翻山越岭送果子"游戏开始啦，热身活动后，孩子们拿到了自己喜欢的果子准备冲破障碍，送果子到"轮胎山顶"。教师看到亮亮在轮胎上左右摇晃，急忙朝亮亮跑去，还是晚了一步，亮亮直接滑坐在了轮胎上"哇"地哭了起来。教师急忙询问亮亮是否受伤，这时发现亮亮的"毛毛虫鞋"穿反了，确定幼儿没有受伤后帮他把鞋换过来接着游戏啦！晚离园时，保育员与家长进行沟通交流，共同探讨如何引导幼儿更好地学会辨识鞋子的左右。

▶ **现象解读**

　　活动前教师没有发现亮亮鞋穿反，导致亮亮在游戏时走不平稳滑坐在轮胎上，教师帮助幼儿把鞋换过来继续参加游戏，亮亮在游戏中，尽情地感受、探索、学习和成长。

　　亮亮穿着的是一双毛毛虫鞋，这种鞋子就连成人一眼也不能分辨出正反来，中班的亮亮也是不容易分辨，这就需要教师和幼儿共同探讨分辨鞋子左右的方法。与家长及时做了沟通，从家长角度带幼儿更好地学会分辨鞋子的左右。

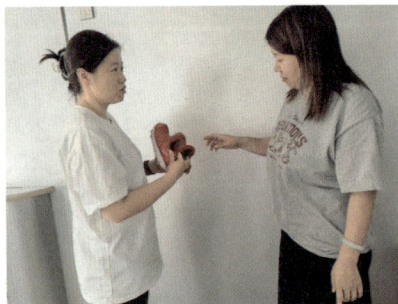

▶ **保育指导**

1. 关注幼儿状况，及时处理突发事件。游戏前保育员要时刻关注幼儿的身体、着装等状况，发现异常情况要及时处理，确保幼儿安全。

2. 与教师及时沟通，开展鞋子配对游戏。幼儿学习观察鞋子的特点及左右的不同。

3. 午睡时鼓励幼儿把鞋提前摆放正确，起床后直接穿好即可。

4. 引导幼儿观察鞋子左右的不同，把自己分辨的方法与教师分享，巩固对自己鞋子的认识。

5. 与家长沟通，幼儿有新鞋时先让幼儿观察鞋子特点并分清楚左右脚。幼儿感受正确穿戴和反方向穿戴的不同感觉，了解正确穿戴方法。

（中国电科网络通信研究院幼儿园　史力）

二、基本部分保育要点

＊加强巡视检查，观察幼儿游戏与场地安全因素，及时发现和制止危险或不卫生的行为，消除安全隐患。

＊观察幼儿游戏情况和身体状况，活动中随时给幼儿增减衣物。

＊照顾体弱幼儿，适当调整活动量，特别关注当天不舒服的幼儿。

＊配合教师做好游戏活动，协助教师维护游戏秩序、对幼儿的指导并处理游戏过程中出现的问题。

远远砸脚了

视频二维码

场景描述

在户外建构区，孩子们各自分组创建了不同材料的斜坡，玩起了"斜坡游戏"。天天、远远两个小伙伴将两块长木板抬到滚筒，架在斜坡上面做了一个双斜坡木板滑梯玩，把球放在木板上，发现球卡在了两个木板中间了。天天停下来若有所思地说："等下，我去拿个东西。"只见他拿来了两块长木板，做了斜坡的延长，天天看到了旁边的轮胎，拿过去尝试把四木板连接起来。当天天在调整木板与轮胎角度和位置时，木板滑落，砸到了远远的脚。教师及时发现，走向前问："远远，还好吗？"远远回道："没关系的，不用担心！"教师询问幼儿情况如何，观察能否走动，还带远远到医务室进一步处理，经查看并无大碍。征求远远的意见后，继续回到游戏中。

▶ **现象解读**

本案例中幼儿自由合作搭建与自主协商进行游戏。活动前，排查了活动场地的安全，给予了幼儿在搭建时注意拿取器械的安全提示。在活动中，主班与配班老师以小组为单位进行观察，看到天天和远远在游戏中不断探索，自我解决，当木板滑落的时候，及时发现了情况，给予了安抚和处理，观察后读懂了孩子的需求，满足游戏的愿望。

在幼儿户外活动中会存在小意外，教师不必过于紧张，争取处理及时、得当，把伤害降到最低。科学实施户外运动游戏中的保育工作，通过观察、摸、问、记录心率等方式随时关注幼儿的状况。要充分把握收放度、松紧度，既做好户外运动游戏保育工作，又要培养幼儿探索精神，让幼儿能始终积极地投入到运动游戏当中，促进幼儿健康快乐成长。

▶ 保育指导

1. 安抚幼儿情绪、检查并处理伤势，到医务室处理

轻轻扶起幼儿，检查伤势。保育老师带幼儿到医务室，由保健老师进行检查、消毒、包扎和诊断。另两位老师继续看护其他小朋友的运动状态，排除安全隐患。

2. 与家园保持及时、清晰地沟通

若发现幼儿受伤，要及时向园领导、家长反馈情况。如果幼儿受伤较轻，在离园时，进一步和家长当面说清事情的经过。如果受伤较严重，应立即给幼儿家长打电话，并陪幼儿到医院检查，事后要预约家访。

3. 问题激发，引导幼儿交流讨论

要及时反思，分析户外活动中容易发生的意外事件，及时采取预防措施，及时发现幼儿存在的安全隐患，并借此机会对全体幼儿进行安全教育；调整三位老师的站位及分工等。

（中国电科网络通信研究院幼儿园　黄岩）

风向变了

视频二维码

▶ 场景描述

游戏活动时，潇潇的左眼有些湿润，还时不时地用拿着积木的小手在左眼周围蹭来蹭去，有时候还用袖子擦拭眼睛。于是，教师告诉潇潇变化游戏位置，背风游戏。

第二天游戏活动时，潇潇的左眼和眼睫毛又是湿漉漉的，她转了方向，使劲地闭了闭眼睛挤出一滴眼泪，用手擦了擦脸上，留下一道黑色"印迹"。

▶️ **现象解读**

1. 春季多风，游戏活动恰逢室外的积木搭建，孩子们迎风来到建构区进行游戏，走来走去搬运、搭建，也在与自然风亲密接触着，潇潇的眼睛湿润，是风吹了眼造成流泪的结果。自己感觉有点不舒服时，对于年龄小、生活技能掌握不充分的他们来说，随即用手或袖子擦、蹭、揉是孩子们的本能反应。幼儿小脸变黑，说明其手部不干净，此时的她没有并且不知道可以向老师求助或者变一变方向游戏，如此反映出她在日常生活中的生活技能掌握较少，缺少一定的卫生意识，对于自我照顾不够科学、健康。

2. 第一次教师发现后，告诉潇潇可以换换方向，背风游戏；第二次发现时教师上前询问并观察了潇潇的眼部状况，同时有了自己初步的"望""闻"过程后带着她去了保健室，进行了后续的"问""切"、清洗处理。

3. 离园时教师与家长做了沟通，在日常生活中成人应协助、帮助孩子积累生活经验，使其学会健康科学地生活、愉快安全地成长。

▶️ **保育指导**

1. 教师时时关注游戏活动中的"小插曲"。在幼儿进行游戏活动中，教师时时刻刻观察幼儿的健康状况，如观察幼儿的面色、汗液、精神状态、呼吸、行为表现等，适时增减、调整游戏内容。发现问题及时处理，安抚幼儿、初步检查并到医务室问询，如情形严重，则须及时通知家长。

2.幼儿学会主动开口，寻求帮助。日常教育活动中，教师可以创设一些情景游戏，意在帮助、引导幼儿主动开口，有意识地寻求帮助；也可以以点带面，提供反馈和支持，当发现幼儿主动表达"可以帮帮我吗？"教师一定在集体前表扬幼儿的主动和寻求帮助的方式，建立自信；教师的专业示范，角色扮演让幼儿勇敢表达内心需求，帮助幼儿建立寻求帮助的意识。

3.家园共育，健康成长。主动与家长沟通，对于幼儿涉猎不足或生活本领掌握不够的情况如实反馈，积极献策，幼儿园与家庭密切合作，积极构建育人机制，共同创设快乐、健康、科学的育人环境，力保幼儿健康成长。

（中国电科网络通信研究院幼儿园　卢坤）

三、结束部分保育要点

＊提醒幼儿收拾整理游戏活动材料时要注意的问题和应遵守的规则。

＊带领幼儿收拾、整理游戏活动材料。

＊组织幼儿洗手、如厕、饮水等。

你我他

视频二维码

▶ 场景描述

在户外建构区，孩子们用炭烧积木搭建了不同造型的游乐设施，玩起了"游乐场"的游戏。小泽用多种不同形状的积木搭建了一架坦克，小瓦用长板、圆柱、小方块积木搭建了一列火车，小牧用方砖搭建了一座高高长长的烽火台……随着搭建作品的不断"竣工"，游戏也接近尾声。整理环节，小瓦、小牧各自运送着自己使用的积木，小泽盯着自己搭建的巨型坦克迟迟不动，5分钟后他用脚把坦克踢倒，悄悄把自己使用的部分积木扔到小牧的场地。来回运送三次后小牧发现自己的场地多了一些未曾使用过的材料，便问离得最近的小瓦："这是你的积木吗？我只用了方块积木，怎么会有圆柱呢？"小瓦："不是我的，会不会是小朋友送积木不小心掉在你的场地上的？"小牧："那好吧！我把它们送回家！"返回时，小牧发现自己的场地又多了一堆积木，这次他不再运送，去找小瓦。"你看这又多了一堆！我不送了！"正当两人对话时，小泽又扔了几块积木，正巧被小牧看到。"是他的积木，谁的积木谁来送！"机灵的小泽说："这么多积木送起来太麻烦了，咱们分工吧！我送长板，你送圆柱，他送方形。"其他两个小朋友认可并分工整理起来。不一会儿，他们就完成了各自的任务。

▶ **现象解读**

炭烧积木是最受幼儿欢迎的建构游戏材料之一，对幼儿手脑协调发展具有不可替代的特殊作用。可是每次的收尾工作总是不尽如人意，孩子们玩得尽兴，收得草率，活动最后经常需要老师的帮忙。

本案例中小泽出现上述行为有以下四方面原因：其一，他认为这次搭建的坦克很壮观，不舍得收；其二，小泽欠缺自我服务的意识，责任感不足，自主收纳的主观意识淡薄，"想办法"逃避送积木的"辛苦"；其三，小泽搭建坦克使用了大量的炭烧积木，因为积木数量多、种类杂、体积大、重量重、搬运距离远等问题，出现个人收纳困难；其四，幼儿合作能力萌发。在小泽的倡议下大家分工，各自取放一种材料，你、我、他自主收纳和分工合作意识，让幼儿体验到自主、合作提高效率的成就感。

🔖 保育指导

1.在一日生活中，建立幼儿自我服务的意识

教师针对幼儿收纳整理出现的问题，通过故事、谈话、调查、提问、讨论等组织策略，激发幼儿自主整理收纳的欲望。将养成教育融入幼儿一日生活，建立幼儿自我服务的意识。引导幼儿对游戏材料、班级物品、衣物、餐具等进行收纳整理，逐步引导幼儿建立责任感，发扬"主人翁"精神。

2.探索积累收纳方法，促进幼儿整理习惯的养成

让幼儿在活动中探索、体验、思考，感受整理带来的愉悦感和成就感。不断积累收纳整理的方法技巧，提高幼儿整理的能力，让被动收纳变为主动整理，不断调动幼儿整理物品的积极性，由分工收纳向合作整理过渡，逐步培养幼儿的合作能力，让幼儿"乐"整理，"慧"收纳。

3.重视家庭教育，促进家园深度联动

教师积极发起家园共育活动，让家长意识到收纳整理对幼儿长远发展的影响。教师分享整理收纳的好方法，请家长将孩子的整理活动记录下来，让孩子有成就感的同时带动家长教育观念和行为的转变，以此促进幼儿的良好行为习惯的养成，为其一生的发展奠定坚实的基础。

（枣庄市实验幼儿园　孙艳锋）

第二节　集体教学活动保育要点

一、准备部分保育要点

＊活动前与教师沟通，了解集教活动的内容和要求，确保活动场地环境整洁。

＊协助教师准备好活动前的准备工作，如摆放教具、学具及小组或个人操作材料。

＊做好环境和材料的安全检查、卫生消毒工作，保证材料的充足及安全性，并按要求摆放好。

＊提醒、帮助幼儿做好饮水、如厕等准备。

迟到的材料

视频二维码

▶ **场景描述**

　　早上 8:40，班级"会吹气球的瓶子"科学实验活动已经开始。9:00，本来今天请假的曦曦和多多突然又来园，准备的实验材料不够了。为了确保幼儿能顺利参与实验，教师迅速安排好幼儿参与学习后，拿来纸赶快制作漏斗材料。因为纸漏斗只能用一次，所以没有准备那么多。由于实验材料不全，曦曦和多多待在那不知所措。当"迟到的材料"送到了她们面前时，她们高兴地动手操作起来。

▶ 现象解读

1. 面对原本请假的幼儿突然来园的情况，教师准备材料，确保幼儿参与学习，体现了教师的应变能力以及对材料制作的熟悉。

2. 由于纸漏斗材料的特殊性和有限性，教师没有准备足够的数量，体现了科学活动中，多备材料会造成材料的浪费，少备则会在突发情况中材料匮乏。

3. 材料不足对曦曦和多多参与实验的进度造成了一定影响。在等待材料的过程中，两名幼儿的不知所措可能影响他们的实验体验，打消幼儿参与活动的积极性。这反映了教师在日常工作中，疏忽对材料的管理以及对活动的预见性。

4. 曦曦和多多是突然来园的，而教师对此并没有提前得知。请假幼儿突然来园的情况，反映出保育教师在与家长的联系与沟通方面还存在不足。保育老师没有及时了解幼儿的最新动态。

▶ 保育指导

1. 教师在活动前要做好充分的准备工作，灵活应对可能出现的各种突发状况。在每次科学活动前与主班教师交流了解活动内容，如桌椅的布置方式、所需玩教具种类、是否需要制作新教具等，以确保活动顺利进行。

2. 教师应注重材料的重复利用和充足准备。比如案例中的纸漏斗是一次性使用，那么可以尝试寻找其他材料进行替换，比如剪掉矿泉水瓶的上面部分；或者选择和纸漏斗同样大小的塑料膜等材料做成漏斗的形状。这样不仅可以减少浪费，还可以达到重复使用的效果。

3.投放的材料可以贴上相对应的标识。标识的形式可以选择图文并茂的方法符合幼儿的年龄特点，这样做不仅便于教师管理，还能帮助幼儿自主取放材料，培养他们的独立性和自我管理能力。

4.可以采取与同年龄段班级教师展开合作，通过错开活动时间的方式，实现可回收利用材料的资源共享，这样不仅可以减少浪费，也能在紧急情况下起到补充材料的作用，确保活动顺利进行。

5.加强与家长的沟通与合作，共同关注幼儿的成长与发展。有效的家园沟通对于保育教师来说至关重要，它有助于教师了解幼儿的最新动态，预防和处理各种突发情况。通过及时与家长沟通，教师可以提前得知幼儿的请假情况，从而做好相应的准备和调整，以确保活动顺利进行。

（石家庄市第三幼儿园　魏圣结）

二、基本部分保育要点

＊集教活动中保持安静，不随意走动，对如厕的幼儿跟随至卫生间。

＊适当引导纠正个别注意力不集中、坐姿不规范、倾听习惯不好的幼儿行为。

＊观察幼儿的活动状态，确保幼儿安全；指导和帮助个别有困难的幼儿，发现有身体不适的幼儿及时送往保健室，协助教师处理突发事件。

＊协助教师做好观察记录工作。

我还没有"藏好"

视频二维码

▶ 场景描述

公开观摩活动"藏在哪里"的游戏环节，组织幼儿将各式物品藏起来，当藏物品时间截止时，幼儿开始找寻"藏匿点"，果果趴在地上大声哭喊道："我还没有藏好呢。"

游戏顿时"冷场"，孩子们望着果果窃窃私语，停下手中的动作，四处张望。配课保育教师做了一个"嘘"的手势，示意小朋友们跟主班教师继续寻找藏起来的物品。配课教师转身背对大家，安抚着果果的情绪，并指了指他的口袋，暗示他可以藏在口袋里。果果破涕为笑，在配课教师的帮助下慢慢起身，趁大家不注意悄悄藏好物品，并跟着大家一起去找物品。

游戏最后，只有果果藏的物品一直没有被找到。孩子们十分好奇，果果变魔术一般地从口袋里拿了出来，朝大家舞动双手，现场一片欢声笑语，游戏结束，继续下一环节。

▶ 现象解读

本案例中配课教师针对幼儿游戏过程中的特别行为，以支持性态度，巧妙化解意外"风波"，保障游戏正常开展。在感知到幼儿不良情绪时，能够做出客观全面的分析，未介入或干扰幼儿活动，提供游戏时间的支持，并通过"大家找不到"等环节，平衡游戏中个人与集体之间的关系。

幼儿在游戏过程中，存在时间把控不到位等情况十分正常。针对幼儿游戏过程中存在的问题，教师不必过于焦虑，需根据幼儿的年龄特点、个体差异和活动需要做出灵活的配合调整，保障教师活动的质量。

保育指导

1. 尊重幼儿主体差异性，灵活调整教育过程

幼儿是具有独立意义的主体，不同的幼儿游戏能力各有差别。在游戏过程中，要根据幼儿的年龄特点、个体差异和活动需要做出灵活调整，避免幼儿消极等待。

2. 以平和态度对待幼儿，树立幼儿自信品质

针对幼儿在游戏过程中的焦虑、不安情绪，教师要保持乐观愉快的情绪状态，以亲切和蔼、支持性的态度与行为与幼儿互动，引导幼儿自信、从容地投身游戏、表达情绪。

3. 能识别偶发教育契机，及时给予有效支持

对教育过程中"危机"的化解，能够彰显教师教育素质素养与专业能力。在教育过程中，教师要树立转化思维，善于发现偶发性教育契机，支持幼儿探究、试错、重复等行为，与幼儿一起分享游戏经验。

（枣庄市实验幼儿园　褚洪岑）

三、结束部分保育要点

＊协助教师和幼儿共同收拾整理活动材料，展示作品。

＊整理学习物品，评价资料的摆放环境，保持环境整洁。

＊组织幼儿洗手、如厕、饮水等。

微信扫码

● AI 教学助手
● 内容图谱
● 知识图卡
● 保育笔记

第三节　区域活动保育要点

　　区域活动也称活动区活动，是指教育者以幼儿感兴趣的活动材料和活动类型为依据，将活动室的空间相对划分为不同区域，让幼儿可以自主选择，在其中通过与材料、环境、同伴的充分互动而获得学习和发展。

一、准备部分保育要点

　　＊确定当日区域活动的内容，确定需要开放的区域，并了解本次区域活动的重点观察和指导内容。

　　＊检查区域场地是否存在安全隐患，材料是否安全等，做好区域活动的准备工作，保证活动材料充足、安全。

　　＊提醒幼儿遵守区域活动规则。

二、基本部分保育要点

　　＊观察场地安全因素，及时消除安全隐患，切实保障幼儿享有充足的活动空间。

　　＊教师要向幼儿介绍各区域，先介绍再开放。

　　＊活动中，教师要有意识地指导幼儿进行活动。

"不一样"的角度

视频二维码

▶ 场景描述

区域活动时间，亭亭和昕昕在娃娃家表演"妈妈教女儿梳头发"。昕昕（扮演女儿）想要把皮筋套在头发上，多次尝试后没有成功。

亭亭（扮演妈妈）："宝贝，我来教你！"随后便开始寻找什么。不一会儿，找到了一块毛巾。

亭亭把毛巾折在手里，教昕昕用皮筋在毛巾上练习缠绕。在亭亭的帮助下，昕昕学会，缠绕皮筋，自己梳好了辫子。

保育教师："昕昕，今天你在游戏中学会了什么？"

昕昕："我学会了梳辫子。先用梳子把所有头发都梳一遍，两只手抓住头发，然后一手抓住头发，把皮筋套上，转一圈，换另一个手抓头发，再套上。"

保育教师录下了幼儿游戏过程的视频，从自己的观察角度配合主班教师做好娃娃家评价，然后与教师一起分享观看幼儿游戏视频。

▶ **现象解读**

1. 当昕昕多次尝试没有成功时，保育老师没有直接介入干预游戏的进行，而是认真观察幼儿的行为。幼儿自发地以"儿童教儿童"的形式借助毛巾学习缠绕皮筋。保育老师在昕昕自己完成梳辫子时找准时机和介入方式，通过提问、幼儿表述，强化幼儿新习得的技能，此时的提问展现了教师的教育智慧。

2. 角色游戏的成果很难用物品展示，它主要蕴含在游戏过程当中，这需要保教人员在游戏过程中有意识地进行记录（文字、表格、图画表征、影音资料等方式），在游戏后进行分析整理。

3. 区域游戏结束后，保育老师协助教师做好总结性评价，将自己在游戏中观察到的幼儿的行为和遇到的问题告知教师，协助教师分析幼儿的行为并做好教育引导工作。分析幼儿在区域活动中对区域的选择、角色的选择、游戏材料的使用、角色行为及能力的提升。

▶ 保育指导

1. 在个体操作时，首先要注意观察幼儿的活动，了解幼儿的游戏水平，及时捕捉幼儿在游戏中的学习需求并给幼儿充分体验的机会。

2. 在幼儿遇到困难时，适时给予一定的帮助和指导，可以根据情况采取不同的指导措施，引导幼儿自己探索，但不能替代或包办，引导幼儿学习解决问题的能力。

3. 要将在区域活动中看到的幼儿游戏情况、发现的问题等，以客观、具体的方式及时反馈给主班教师，使主班教师更全面地了解幼儿在游戏中的表现。同时，可以带动更多小朋友在同伴的高级榜样示范中学习。

（石家庄市第三幼儿园　宋静）

三、结束部分保育要点

＊引导幼儿有序安静地收拾整理，注重培养儿童的安全意识、卫生意识。

＊重视区域活动的交流讲评环节。

走错的玩具

视频二维码

▶ **场景描述**

　　区域活动的材料多种多样，孩子们享受着区域活动的快乐。

　　安安来到美工区中的"撕贴路线"进行创作。他顺手拿起胶棒及手工纸，撕下来的纸掉在地上；拿来的水彩笔也撒在桌子上。音乐响起，活动结束，只见安安直接来排队。

　　"安安，你的水彩笔和胶棒都还在桌子上没收拾呢！"小朋友说。

　　话音刚落，一不小心，安安被地上的笔滑倒了。"小心一点，安安。你瞧，这些调皮的水彩笔、胶棒和手工纸到处乱跑，不知道自己的家在哪了，老师想请你帮帮它们，可以吗？"于是，安安去收拾玩具，将水彩笔及胶棒放至相对应的收纳盒中。

▶ **现象解读**

1. 小班幼儿在整理玩具方面，物品整理意识薄弱，还未完全建立。《指南》指出：3～4岁幼儿能将玩具和图书放回原处。

2. 幼儿动手能力很强，掌握撕、贴、画的动作技能，但整理物品的意识还有所欠缺，比如水彩笔撒了，没有捡起来放好，以至于滑倒；手工纸撒在桌子及地上，没有扔进盒子或垃圾桶。

3. 当地上的水彩笔将自己滑倒时，幼儿也知道事情的严重性，经过安全教育指导，认识到是因为自己没将玩具整理好导致的。

▶ **保育指导**

幼儿最喜欢的是区域活动，不同的区域活动能为幼儿带来不同的收获和体验。玩是乐趣，但学会整理、归纳也是孩子们必备能力之一，幼儿时期是形成良好习惯的关键期。

1. 当看见安安被彩笔滑倒后，教师第一时间进行身体检查，询问是否受伤，确认无事以后对幼儿进行安全教育指导。

2. 利用绘本《乱扔东西的塔格叔叔》，对孩子进行引导教育，让孩子通过绘本故事，了解乱放东西带来的麻烦，并通过故事前后对比，知道整理的重要性。

3. 在日常生活中对幼儿进行引导教育，给玩具一个固定的"家"，根据小班年龄特点，通过谈话、交流、制作标记等形式，帮助幼儿更好地放置物品，有效提高幼儿整理物品的能力。

4.作为教师，在日常整理班级物品时，要将区域中的材料进行盘点和整理，根据班级环境及幼儿年龄特点制定区域材料的注意规则，让幼儿知道所有材料不可以随意乱扔，要物归原位，避免伤到自己和他人。

（中国电科网络通信研究院幼儿园　田尚玥）

视频二维码

我没有玩够

▶ **场景描述**

　　今天建构区的主题是自主选择材料搭建一座高山。当区域游戏接近尾声时，教师开始播放收区音乐。只见糖糖还在继续搭建着，教师走到她跟前俯下身轻拍肩膀说："糖糖，游戏时间结束了，我们一起收积木吧！"糖糖头也不抬回应道："我没玩够！"说着，顺势就把搭了一半的高山全推倒了。只听见"咣当"一声，积木散了一地。教师立即检查周围是否有人员受伤，并安抚糖糖情绪："别着急，我们拉钩，明天完成一座更高的山好吗？"糖糖想了一会儿，便去收积木了。离园环节，教师与家长沟通了糖糖的在园表现，并询问了在家情况。

▶ **现象解读**

　　在幼儿园里，很多幼儿经常遇到类似的状况，游戏结束时表现出仍想玩的意愿。幼儿从专注的游戏中转换到突然结束游戏的状态，需要一定的时间进行思想的转变。教师和家长应接纳并尊重幼儿的这一特质，耐心地陪幼儿渡过这个阶段。

　　1. 糖糖生气地推倒积木，或许是因为高山没有搭建完成，没能达到自己的心理预期；或许是搭建游戏太好玩，自身体验没得到满足，不想匆忙结束愉悦的游戏体验。在教师的鼓励与表扬中重新整理了推倒的积木，可以看出糖糖控制了自己的情绪，并且意识到自己的行为不妥，同时，接受教师的教育。

　　2.《评估指南》中提到"保育人员具有安全保护意识，做好环境、设施设备、玩具材料等方面的日常检查维护，及时消除安全隐患。发生意外时，优先保护幼儿的安全"。教师在积木被推倒的第一时间是关注幼儿安全，检查幼儿是否受伤，确保每名幼儿安全后稳定糖糖情绪，和他拉钩答应下次搭建更高的高山，教师用语言和行为给予糖糖再次游戏的机会，满足了糖糖当时的心理需求。俯下身轻拍，和幼儿一起整理积木的过程，体现了理解和包容的师幼互动关系。

　　3. 在晚离园环节，教师与家长沟通了糖糖推倒积木一事，交流中发现糖糖在家也经常出现相似行为，且不能控制自己情绪。建议家长对糖糖进行有效情绪疏导，通过游戏等方式在日常生活中养成有序收放物品的好习惯。通过家园合作，有效帮助糖糖解决情绪不稳定的难题。

▶ 保育指导

当幼儿出现一些消极行为时，保育教师在保证孩子安全情况下对幼儿进行合理心理疏导和情绪整理，再进行适时教育与指导。

1.转移注意力。当游戏时间结束，幼儿还想继续玩时，可以尝试转移幼儿注意力，使整理收纳玩具变成一项延续游戏，如"送三角形宝宝回家""整齐排排队"等方式吸引幼儿积极参与到玩具收纳的队伍中。

2.投入延伸活动。合理地将区域活动与教育活动相融合，可与数学相融，如"搭建了几层""搭建的什么形状"等。不是将区域游戏在时间和空间上突然终止了，而是将未完成的区域游戏延伸至日常生活中。也可以保留原积木现状，下次活动继续搭建。

3.调整游戏时间。在接下来的环节时间允许的情况下，可给幼儿5到10分钟时间进行游戏，使幼儿游戏体验得到充分满足；或在游戏结束前，提前一段时间提醒幼儿，使幼儿提前做好时间管理。

（中国电科网络通信研究院幼儿园　王锦）

第四节 户外活动保育要点

一、准备部分保育要点

＊活动前与教师沟通，了解活动目的和要求，做好活动前器械、场地等准备。

＊活动开始前，对幼儿进行安全教育。教育幼儿遵守活动规则，不乱跑、不擅自离开集体，不接触危险的物品，不在非指定区域玩耍等。

＊观察幼儿衣着，以方便进行游戏活动为宜，不携带危险物品。

＊教育幼儿正确使用户外活动器材的方法，如滑梯、秋千等，确保活动过程中的安全。

小螺钉大危险

▶ 场景描述

玩木质滑梯时，悦悦"哇"的一声哭了，原来是裤子上划了一条口子。再次巡视后发现滑梯座位旁的小角落里有一个小螺丝钉。教师立刻疏散幼儿离开滑梯到轮胎区开展游戏，与幼儿园安全员联系共同排除安全隐患。

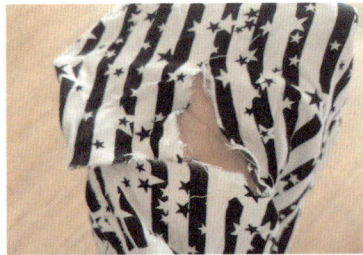

▶ 现象解读

1. 游戏时发生悦悦划破裤子的情况，可见这个螺丝钉比较隐蔽，没有在明显的位置。户外活动的准备，教师有义务检查活动场地，由于对木质滑梯的安全状况没能进行充分细致地检查，因此没有发现滑梯座位旁的小螺丝钉，导致裤子被划破。

2. 为避免危险的再次发生，教师立即将幼儿带离该场地让幼儿到别的区域游戏，同时联系幼儿园安全员共同排除安全隐患，仔细巡查是否别的地方也有小钉子松动出来，经排查一共有 3 处钉子松动。安全员将钉子全部钉好后用透明漆封住钉口处，并将"暂停游戏"安全提示牌挂在滑梯处告知班级此处不能进行游戏。当滑梯能够正常使用时，安全员会将提示牌取走，才能组织幼儿在此游戏。

▶ 保育指导

1. 实时检查和维护幼儿园户外器械：户外活动前，保育老师配合当班教师检查和维护幼儿园户外设施，检查器械是否有松动，查出松动的具体原因，仔细观察钉子松动，还是卡扣松动，观察木质玩具表层是否光滑，如有刺须及时挑出，确保幼儿活动前的安全性和耐用性，应该做到及时发现并解决存在的安全隐患。

2. 监管器械，人人有责：在户外活动中，教师应对幼儿园器械进行巡检，确保幼儿使用器械的安全前提下开展活动，避免危险发生。

3. 加强安全教育：合理规划保育教师与教师的衔接，并按计划完成安全教育，配合教师在日常教育活动中开展活动。通过配合教师的教育活动，增强儿童的自我保护意识和能力。

（中国电科网络通信研究院幼儿园　　陈曦）

二、基本部分保育要点

＊加强巡视检查，观察幼儿游戏与场地安全因素，配合教师做好游戏活动，协助教师维护游戏秩序、对幼儿的指导并处理游戏过程中出现的问题，及时发现和制止危险或不卫生的行为，消除安全隐患。

＊观察幼儿游戏情况和身体状况，如面色、呼吸、出汗等。如发现幼儿有异常症状或不适，应及时采取措施，如送往医院或通知家长等。

＊照顾体弱幼儿，特别关注当天不舒服的幼儿，适当调整运动量。

＊在户外活动中，保育员还需要关注孩子们的生活需求。合理安排幼儿的饮水时间，确保幼儿能够及时补充水分。注意避免幼儿一次性喝太多水，应分次饮用，以免增加心脏负担。随时给幼儿增减衣物。

调皮的沙子

视频二维码

▶ **场景描述**

场景一:

在一次小班沙水游戏中,坤坤拿着小铲子在挖沙子,他一边挖,沙子一边随着坡度又滑了下去。他说:"怎么回事啊,这沙子太不听话了,也太调皮了!"说着,他开始用小手一边挖一边按压边缘的沙子,有时还用胳膊抵挡滑动的沙子。在这个过程中,坤坤不时地用沾满沙子的小手摸脸。教师观察到这一现象,用干净的毛巾擦拭他的脸部,并提醒他不用小手摸脸。

场景二:

坤坤用力地铲起沙子往方形的模具里倒,铲子挥得高过了旁边蹲着玩沙子幼儿的头部,将沙子撒到乖乖的脸上。乖乖伸手要揉眼睛,同时,她大声喊:"老师,沙子进我眼睛里了。"此时,教师快速走到乖乖身边安抚她的情绪，将她要揉眼睛的小手拉了下来，抱起她去水池边清理沙子后去医务室再次检查。

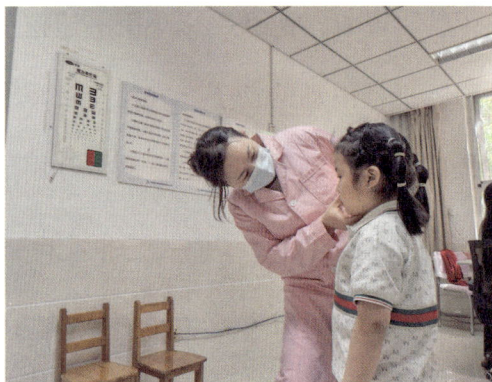

▶ **现象解读**

场景一中，坤坤小朋友在挖沙子的过程中遇到了一个问题：调皮的沙子一直随着坑的坡度往下滑。他用小手按压沙子，用胳膊抵挡流动的沙子，都是他想到的解决办法。他的胳膊、手臂上都沾满了沙子，还用小手触摸脸部，这个过程产生了一定的安全隐患，老师及时发现和处理，消除了可能发生的危险。

场景二中，坤坤小朋友在玩沙时，工具铲子举起得过高，超过了旁边同伴的头部，并且把铲子里的沙子扬到了同伴乖乖的脸上。乖乖的第一反应也是寻求老师的帮助，并尝试用玩沙的小手触碰脸部。教师制止了她要揉眼睛的动作，给她用干净的毛巾蘸取清水擦拭。教师抱起她后，让此时闭着眼睛缺少安全感的乖乖，紧张的情绪得到了安抚。

沙水游戏中，幼儿难免扬撒沙子，造成沙子入眼、入嘴、入鞋等，也有可能在使用工具时动作过大，造成自伤或伤及他人。作为教师，在沙水游戏中要有安全卫生保育的预见性。

▶ **保育指导**

1. 在沙水游戏前，教师要与幼儿一起制定游戏规则和安全事项，以增强幼儿的安全意识。引导幼儿遵守游戏规则，维护游戏秩序。

2. 在沙水游戏过程中，教师应保证所有幼儿在自己视线内。认真观察，加强巡视，发现并排除安全隐患，纠正和制止幼儿的危险行为和不适宜的举动，如扬沙子、和他人互相撩水等；确保幼儿安全、卫生地开展游戏活动。

3. 当幼儿游戏经验不足，安全意识薄弱，使用工具的方法不正确且可能造成伤害时，教师适当介入和指导，教给幼儿正确地使用铲子的方法，保障幼儿游戏的顺利开展。

例如，在沙水游戏中幼儿在反复铲沙的过程中，沙子纷纷滑落，有时动作太大还会碰到同伴。这时，教师可到幼儿旁边，从沙池的底层铲出一些湿沙，并注意拍拍打打，反复几次后，沙堆越来越大，引导幼儿观察学习。另外，教师要根据沙池的空间大小来调整入池的幼儿人数，避免太密集，容易出现一些安全事故。

4.教师要掌握在沙水游戏中幼儿发生危险后的处理方式方法。例如：幼儿在沙水游戏中很容易出现沙子入眼的问题，教师应掌握眼内异物的处理技能，以便及时应对。

（中国电科网络通信研究院幼儿园　宋雪永）

微信扫码
AI 教学助手
内容图谱
知识图卡
保育笔记

三、结束部分保育要点

＊提醒幼儿收拾整理游戏活动材料时要注意的问题和应遵守的规则。

＊带领幼儿收拾、整理游戏活动材料。

＊组织幼儿洗手、如厕、饮水等。

＊对幼儿进行身体检查，特别关注是否有受伤、擦伤或其他异常情况。对于出汗较多的孩子，应及时用毛巾擦干汗水，并更换湿透的衣服，以防感冒。

＊继续观察幼儿的健康状况，特别是对于有特殊病史或过敏情况的孩子，如有异常，应及时通知家长或医生。

请别"落"下

视频二维码

▶ **场景描述**

户外搭建游戏结束后，保育教师带一部分幼儿一起收拾器械，教师放置得快，放好后便转身离开，想着孩子会跟上自己，可是幼儿边扭头看器械边跟队走……等回过神时发现不是自己的班，教师等不到幼儿回去，便返回寻找幼儿，发现在别的班级队伍里。

▶ **现象解读**

1. 在游戏结束后，幼儿的注意力可能仍然停留在游戏和器械上，他们边扭头看器械边跟队走，表明他们的注意力没有完全集中在跟随班级教师上。3～6岁年龄段的幼儿注意力容易被周围的事物吸引，特别是在游戏结束后，他们可能还在回味游戏的快乐。

2.教师带一部分幼儿收拾器械，可以看出教师是参与幼儿的收纳和整理的；教师放好后便转身离开，没有与幼儿明确沟通接下来的行动，导致幼儿对教师的意图不明确。教师可能认为幼儿会跟随自己，但实际上幼儿可能因为缺乏明确的指示而感到困惑。

3.在跟随队伍的过程中，幼儿可能因为年龄小容易跟错队伍。他们可能只是看到前面有队伍在走，就自然地跟了上去，而没有意识到这不是自己班级的队伍。

▶ 保育指导

1.加强师幼沟通

在户外游戏结束后，教师应使用简单的语言与幼儿进行明确沟通，告诉他们接下来要做什么，如何跟随队伍不要走散了。

2.提高幼儿注意力

教师可以通过有趣的声音、动作或者音乐引导幼儿跟随，保持幼儿对游戏的兴趣及愉悦的情绪。在走回班级的路上，也可以与幼儿进行一些简单的互动游戏，让他们保持对队伍的关注。

3.加强保育教师的工作职责

保育教师不仅仅要照料幼儿的日常生活，更需要在户外活动中起到指导和协助的作用。在户外整理环节，保育教师应负责观察幼儿整理器械的过程，引导他们正确、有序地整理。

在户外活动结束时，保育教师要提醒幼儿戴好棉线手套，避免搬运器械的过程中伤到手。器械收拾结束后，保育教师要及时检查活动场地并将外出时拿的物品带回班级。

在户外活动开始前，保育教师要进行点名，确保所有幼儿都已到场，没有遗漏，特别是在更换活动区域或进行游戏转换时，一定要防止幼儿走失或掉队。户外活动结束后，保育员应再次清点人数，确保所有幼儿都已安全返回。

4. 引导与示范

保育教师协助做好收拾整理工作，与幼儿共同绘制器械标识贴在相应位置便于幼儿快速分类、整理。通过亲身示范和耐心指导，帮助幼儿养成良好的整理习惯，提高他们自主整理能力。

5. 增强幼儿安全意识

针对案例中幼儿出现在其他班级队伍的现象，保育教师要及时反馈给主班教师，在班级开展安全教育，告诉幼儿遇到困难时及时寻求帮助，帮助幼儿建立寻求帮助的意识。

（石家庄市第三幼儿园　贾密涛）

第五节　生活活动保育要点

　　幼儿生活活动以饮食起居等满足幼儿的生理需要为主要目标，主要包括入离园、盥洗、进餐、如厕、饮水、午睡以及各活动之间的过渡环节活动等常规性活动。生活活动，主要内容为：生活自理、交往礼仪、自我保护、环境卫生、生活规则等方面。让幼儿在真实的生活情境中自主、自觉地发展各种生活能力，养成健康的生活习惯和交往行为，在共同的生活中愉快、安全、健康地成长。

一、生活自理

3～4岁	4～5岁	5～6岁
1. 在帮助下能穿脱衣服或鞋袜。 2. 能将玩具和图书放回原处。	1. 能自己穿脱衣服、鞋袜、扣纽扣。 2. 能整理自己的物品。	1. 能知道根据冷热增减衣服。 2. 会自己系鞋带。 3. 能按类别整理好自己的物品。

　　生活自理能力是一个人应具备的最基本的生活技能，是幼儿独立性发展的第一步，对其身心健康、自信心、责任感、问题解决能力等方面有着重要影响。《指南》在健康领域中明确提出儿童需要

"具有基本生活自理能力"。

保育要点：

1. 保教人员要引导、支持和鼓励幼儿参与生活规则的建立，满足幼儿独立的需求，避免过度保护和过度包办代替。

2. 指导幼儿学习和掌握生活自理的基本方法，如穿脱衣服和鞋袜、洗手洗脸、擦鼻涕、擦屁股的正确方法，培养自己的事情自己做的能力与习惯等。

3. 提供有利于幼儿生活自理的条件，如活动结束后幼儿收拾和存放玩具、图书或生活用品等。

二、交往礼仪

交往礼仪活动是幼儿保育教育工作的一个重要部分。礼仪和品格的培养远比知识和技能的获得更为重要，使幼儿从小懂礼用礼，将关系到幼儿一生的发展。培养幼儿良好的礼仪意识和礼仪行为，促进幼儿全面和谐平衡发展，为幼儿的后续学习、生活和未来走向社会工作奠定良好的基础。

保育要点：

根据幼儿的年龄特点，将教育内容规范化、具体化，制订由浅入深的礼仪行为计划，把示范、明理和训练结合起来，寻求礼仪活动的有效方法，使幼儿园礼仪活动生活化、具体化、趣味化、形象化，通过幼儿亲身感知、实践，逐步培养幼儿良好的礼仪意识和礼仪行为。

以身作则，言行一致，努力探索幼儿礼仪教育的有效之法，持之以恒地开展礼仪教育。

三、自我保护

幼儿身心发育尚未成熟，需要成人的精心呵护和照顾，但不宜过度保护和包办代替。俗话说的"授人以鱼，不如授人以渔"，只有培养幼儿的自我保护能力，才能在根本上降低幼儿受到伤害的风险，更加安全健康地成长。《指南》强调了幼儿自我保护能力的重要性，文件在健康领域中明确提出："成人应帮助幼儿养成良好的生活与卫生习惯，提高自我保护能力，形成使其终身受益的生活能力和文明生活方式。"

3~6岁儿童学习与发展指南

■ 目标3 具备基本的安全知识和自我保护能力

3～4岁	4～5岁	5～6岁
1. 不吃陌生人给的东西，不跟陌生人走。	1. 知道在公共场合不远离成人的视线单独活动。	1. 未经大人允许不给陌生人开门。
2. 在提醒下能注意安全，不做危险的事。	2. 认识常见的安全标志，能遵守安全规则。	2. 能自觉遵守基本的安全规则和交通规则。
3. 在公共场所走失时，能向警察或有关人员说出自己和家长的名字、电话号码等简单信息。	3. 运动时能主动躲避危险。	3. 运动时能注意安全，不给他人造成危险。
	4. 知道简单的求助方式。	4. 知道一些基本的防灾知识。

保育要点：

1. 创设安全生活环境，做好安全规则培养。

2. 结合生活实际对幼儿进行安全教育。

3. 教给幼儿简单的自救和求救的方法。

4. 对孩子进行预防教育，教会孩子自我保护的方法。如果发现孩子遭遇欺凌事件，切忌斥责孩子，要立即与幼儿园联系，提供情况。要表示坚定地站在孩子一方，鼓励孩子勇敢面对欺凌和暴力事件。

四、环境卫生

幼儿园环境卫生工作是日常工作的重要环节，更是保障孩子安全、健康生活的必要条件，是对孩子的健康成长提供保障，让孩子们在健康、卫生的环境中快乐成长！环境是重要的教育资源，幼儿的发展是在与周围环境的相互作用中实现的。

保育要点：

（一）环境卫生

1. 保持室内空气清新、阳光充足，地面干净、清洁，盥洗室、厕所等地面保持干燥。

2. 厕所应清洁通风、无异味，始终保持清洁卫生。

3. 室内应有防蚊、蝇、鼠、虫措施及防暑和防寒设备，并放置在幼儿接触不到的地方。

4.户外场地应干净、整洁、物品摆放有序。

5.对容易滋生蚊、蝇、鼠等有害生物的卫生死角定期进行清扫。

（二）个人卫生

1.幼儿日常生活用品专人专用，保持清洁。应每人1巾1杯专用，每人1床位1被褥。

2.培养幼儿良好卫生习惯。早晚洗脸、刷牙，饭前便后用流动水洗手，饭后漱口，勤洗头、洗澡、换衣，保持服装整洁，勤剪指（趾）甲。

3.保教人员应保持仪表整洁，注意个人卫生。饭前便后和护理幼儿前用流动水洗手；上班时不佩戴饰品，不留长指甲，不染指甲；不在园所内吸烟。

五、生活规则

幼儿的规则意识及执行规则的能力是社会性适应中极其重要的内容，它是儿童学习、生活的基础与保证。幼儿期是萌生规则意识和形成初步规则的重要时期。遵守规则，它存在于一日生活的各个环节，从小帮助幼儿建立规则意识有利于发展幼儿的意志力、控制力和思维力，有利于促进幼儿社会性的发展。

保育要点：

提高幼儿健康认知水平。帮助幼儿了解生活方式和习惯与身体健康的生活活动规则，自觉践行有益于健康的行为，改正不良的生活方式和习惯。

在幼儿园的日常生活和活动中让幼儿体验规则的重要性。如饮食规则、活动规则、盥洗如厕规则等。

要让幼儿成为规则的制定者，从而自觉、主动地遵守规则。

要积极发展幼儿的自我控制能力。

视频二维码

左右不同

▶ 场景描述

　　小班幼儿与大班幼儿在楼梯里相遇了，宽敞的楼梯顿时变得拥挤不堪。这时，孩子们停下脚步，想上楼梯的上不去，想下楼梯的下不来。大班桐桐惊讶地说："你们走错楼梯了，应该按照小脚丫标识的方向走。"小班幼儿愣在原地不知道怎么让路才好。

　　"该从这边上，因为这边人少。"远远笑着说道。"不对，不对，这里有小脚丫，沿着小脚丫走。""上楼时脚丫在左边，下楼时在相反的一边。"安安说道。教师点点头，说道："左右不同，沿着脚丫一级一级地走，才能安全地走好楼梯，以后上下楼梯，按照左右方向，一步一个脚印，就能安全到达图书室。"

▶ 现象解读

　　注重幼儿良好品德和行为习惯养成，潜移默化贯穿于一日生活和各项活动，规则意识是幼儿正确行为习惯养成的重要方面。在具体的情境中，规则意识较差的幼儿，可能会产生无所适从、与幼儿们产生分歧。面对分歧，教师鼓励幼儿，通过提问、讨论、推测的方式，支持和拓展幼儿的安全学习。

　　引导幼儿安全遵从"他律"，走向"自律"。自觉遵从规则，是幼儿安全教育的应有之义。作为教师，在安全教育过程中，要支持幼儿思考、质疑、探究，鼓励幼儿参与一日生活与自己有关的决策，寓教育于生活之中。

▶ 保育指导

1. 观察倾听幼儿，发现教育契机

幼儿是具有主观能动性的个体，具有主动学习的潜质。保育员要善于观察幼儿的一日生活，通过倾听感知幼儿的所思所想，抓住幼儿感兴趣的、有意义的生活情境，及时给予有效支持。

2. 尊重回应幼儿，拓展有意学习

小班幼儿对安全与规则的认识与遵守意识较为薄弱，在幼儿园一日生活中，保育员要正确对待幼儿的生活行为，聚焦不安全的上下楼梯方式，通过开放式提问的方法，引导幼儿推测相撞原因、讨论上下楼梯规范，习得安全上下楼梯的规范知识。

3. 鼓励幼儿表达，丰富生活经验

幼儿对楼梯安全的思考与认识是一个由浅至深、不断深化的过程。在楼梯安全教学中，确保安全的情况下，保育员要引导幼儿表达自己的观点，提出、分析解决问题的方法，并注重寓教于乐，选择贴近小班幼儿认知的方式，拓展提升幼儿生活和游戏经验。

（枣庄市实验幼儿园·新城园　戴成成）

学会开关

视频二维码

▶ **场景描述**

晨间入园时，值日生明明一路小跑到班级门口。教师提醒明明，慢点别摔倒了。明明跑到教室门口，放下水杯和接送卡，推开门"嘭"的一声关上了，差点撞到跟在他身后的乐乐。

他转身对乐乐说："对不起，我光想着值日要整理图书区了，没有看到你在身后。"

教师急忙走过去观察乐乐有没有受伤，确定没事后，对明明说："小朋友开关门要轻轻推开或关上，还要观察旁边有没有其他人、有没有小朋友手伸到门缝里。开门有很多礼仪，咱们三个人一起梳理一下吧！"

▶ 现象解读

　　开关门是幼儿日常生活中每天都要重复的动作，但学会开关门却是幼儿交往礼仪的重要内容。案例中明明关门的力度过大，这种现象在日常生活中经常出现。

　　1. 当明明把注意力聚焦到值日任务上时，而忽视了身后的乐乐，幸好乐乐没有受伤。他意识到自己的做法不对时，做出回应，主动向乐乐道歉。

2. 教师发现问题后，跟幼儿一起梳理开关门的礼仪要求，潜移默化对幼儿进行社会生活方式的教育、礼仪教育，让幼儿知道依照正确的礼仪规范融入日常。

▶ 保育指导

1.《评估指南》在生活照料方面提到，帮助幼儿建立合理生活常规，养成良好的生活习惯很重要。生活处处是教育，教师应随时关注幼儿，善于抓住教育契机，可以通过绘画表征、儿歌创编、班级公约等形式在日常生活中潜移默化地对幼儿进行教育。因为幼儿园的日常涉及礼仪规范内容很多，帮助幼儿掌握礼仪规范，文明礼貌地展开交往活动，加强礼仪教育就尤为重要。教师要随人、随事、随时、随地、随境地进行教育，并让幼儿把学到的礼仪知识运用到日常的交往当中，提升幼儿讲文明、讲礼貌的良好行为习惯。

2. 让幼儿了解，门在我们的生活中起着非常重要的作用，到处都能看到它的身影，有房屋的门、橱柜门、车门等等。针对不同材质的门，调动幼儿已有经验学会文明开关门，让幼儿都能从"轻声开关门"这些小事做起，营造充满关爱的教育氛围。

3. 教师应积极主动地同家长进行沟通，告诉家长，在家中，家长也应时刻保持正面的形象，创建文明家庭环境，获取家长的有效配合与全面支持，巩固礼仪习惯，进而促进幼儿园教育同家庭教育的同步。

（石家庄市第三幼儿园　张骞）

视频二维码

慢吞吞

▶ **场景描述**

午睡起床时，当别的小朋友穿完衣服，都已经坐在座位上吃午点、喝水时，阳阳还在不紧不慢地穿着外套，并时不时地停下来看着老师说："老师，你能帮我系一下扣子吗？"

进餐前，别的孩子都已经盥洗好，阳阳还在不慌不忙地洗着手，在老师的提醒下才去拿毛巾擦手。进餐时，大部分孩子陆续吃完，都已经漱口、放碗并回座位坐好了，阳阳还在一点一点慢慢地吃着，当老师提醒他稍微吃快一点，否则饭菜就凉了，他依旧不紧不慢、不慌不忙……这时候，有的孩子发现他还没有喝汤而告诉了老师。老师上前询问时，他说："我忘记举手要汤了……"因为担心饭菜凉了，孩子吃了会不舒服，所以老师守在阳阳身边，并为他准备了温热水，还一直用语言鼓励他吃得稍微快一点儿。

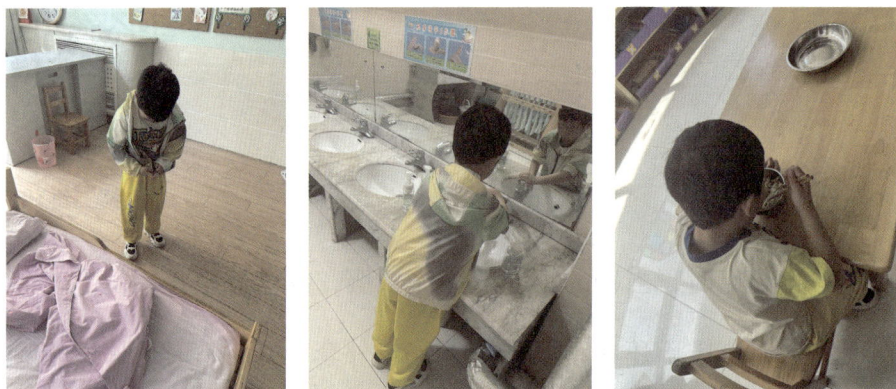

▶ **现象解读**

　　心理学家阿尔弗雷德在《儿童人格教育》中指出："一个有拖延习惯的儿童背后，总有一个事无巨细、为其整理收拾的人。"可见，孩子之所以磨蹭，一是缺少练习，动手能力不足，二是习惯了依赖，形成了心理上的惰性。

▶ **保育指导**

　　1.《指南》中指出，良好的生活习惯和基本生活能力是幼儿身心健康的重要标志，也是其他领域学习与发展的基础。陈鹤琴说过：凡是孩子能自己做的事情就该让孩子自己做。

　　2. 使用"积极鼓励"策略，运用荣誉感去激励阳阳，当发现阳阳自己穿好外套或者自己做完一件事的时候，便在集体面前表扬他。当发现他有好的苗头的时候，抓住机会对他进行鼓励，幼儿受到的表扬越多，对自己的期望也就越高，他们都很单纯，非常希望获得外界的认同，所以，我们要给幼儿多一些鼓励的话语，例如："宝贝加油穿，如果再快一点就更出色啦"。

3. "自然教育法"，让幼儿尝到磨蹭的后果。"自然教育法"倡导一个人应当承受他的行为引起的后果，从而调整自己的行为方式，幼儿只有在体会到磨蹭会给自己带来后果后，才能够自觉地快起来，因此让幼儿为自己的磨蹭付出"代价"。例如：午睡起床后磨磨蹭蹭的，保育老师在收拾床铺的时候也假装没有看到，不去帮，可以适当提醒一下幼儿"再不快点午点就没有啦"，如果他依旧磨磨蹭蹭，不妨任由他去，在他没有吃到午点的时候就会认识到磨蹭给自己带来的后果，几次以后，他自己会加快速度。

4. 在"磨蹭"这件事上要给予足够的耐心并拥有教育智慧，同时，要注意"自然教育法"这种方式虽然给幼儿纠正错误的效果比较明显，但幼儿经历太多的"代价"同样会影响幼儿的健康成长，而且不同幼儿拥有不同的性格，错误的方法只能起到反作用，这就需要教师"因人制宜，把握好尺寸"，选择更适合幼儿的方法。

（中国电科网络通信研究院幼儿园　蔡云妹）

会嘘嘘

视频二维码

场景描述

场景一：

鹏鹏是今年3月份刚入园的小朋友，来园第一天，老师发现他小便完裤子前裆部分湿了一块儿。于是，老师帮助他把湿裤子换好，并且教了鹏鹏上厕所的方法，提醒他下次上厕所要注意。

场景二：

鹏鹏第二次上厕所还是出现老问题，裤子前裆部分又湿了。通过观察，发现鹏鹏小便的时候虽然能把裤子脱下来，但是脱下来的部分有点小，而且小手不会扶好，导致尿裤子现象发生。

现象解读

1.家园环境不一致，在家中该幼儿都是使用卡通小马桶小便，幼儿园从卫生角度考虑，则采用站立如厕的方式，导致鹏鹏来幼儿园之后的不适应。

2.妈妈照顾过于细致，事事包办。平时如厕都是妈妈帮忙，妈妈无微不至地照顾，导致该幼儿自理能力较差。

3.家庭教育中父亲角色的缺位，虽然妈妈照顾幼儿更加细致耐心，但是对于小男生来说，父亲的陪伴和教育是必不可少的。

▶ 保育指导

《指南》中指出：幼儿要具有基本的生活自理能力，鼓励幼儿做力所能及的事情。因此，通过家园配合的方式有助于鹏鹏学会正确小便的方法，提高幼儿的生活自理能力。

1. 模仿学习：教师引导鹏鹏观察班级小男生是如何站立小便的，让孩子了解男生站立小便的正确姿势。

2. 模拟练习：教师用班里的小玩具来模拟男生站立小便的过程，让鹏鹏在模拟训练中掌握站立小便的技巧。双手抓住裤子两边向下使力，把裤子脱到屁股下方。肚子向前顶，同时小手扶好，尽量向上抬，准备工作做好后开始嘘嘘。

3. 引导实践：鹏鹏再一次小便的时候，教师可以在旁边给予指导和提醒，适当的提醒有助于孩子尽快掌握站立小便的技巧。

4.家园配合：寻求家长的配合，幼儿回家后建议爸爸指导孩子站立小便，巩固在幼儿园养成的良好习惯。

5.耐心鼓励：老师和家长对孩子要满怀耐心和鼓励，适应幼儿学习的节奏，对于幼儿的进步行为给予及时鼓励和肯定。积极的情绪体验有助于促进幼儿自理能力的提高。

经过老师和家长的配合与指导，鹏鹏学会了正确站立小便的方法。小便完会挺起肚子大声地告诉老师"裤子没有湿"，老师奖励他一个大大的大拇指。幼儿的成长是一个持续、渐进的过程，家庭、父母、同伴、教师的陪伴和教育缺一不可，多方位配合给幼儿提供更加全面的支持，促进幼儿全面发展。

（中国电科网络通信研究院幼儿园　杜宁）

柜门排队队

视频二维码

▶ **场景描述**

　　幼儿园的活动室里，孩子们正准备离园。老师请幼儿分成小组去拿衣服，可小家伙们拿衣服的时候老是挤来挤去的，还有小朋友不留神就和橱柜来了个"亲密接触"。老师发现这一情况后鼓励小朋友们开动小脑筋，一起想办法避免这种情况发生。听到老师的话，孩子们开始讨论，有的说要像排小火车一样一个一个拿衣服；有的说慢慢走路、相互让着拿衣服，经过讨论后小朋友们都觉得排队拿衣服可以有效地解决这个问题。老师见状脸上露出欣慰的笑容，由衷地夸赞小朋友们很聪明，并且奖励给了小朋友们漂亮的小红花。

▶ **现象解读**

　　1.幼儿秩序意识薄弱，对于秩序的概念和重要性还处于较为模糊的阶段。因为幼儿的认知发展尚未完全成熟，对于遵守秩序的行为，他们的理解和执行能力也相对有限，需要更多的时间和经验来逐渐理解和适应各种规则和秩序。

2. 幼儿对于情绪和行为的调节能力较弱，通常容易被各种事物所吸引和刺激，离园让幼儿变得兴奋和冲动，所以难以抑制自己的情绪和行为，难以在行动上做到自我控制。

3. 教师发现后没有采取训斥幼儿的方法，而是巧妙地激发了幼儿的主动思考能力，让他们积极参与到解决问题的过程中，使幼儿学会了自己找寻解决问题的途径。通过思考，孩子们能够锻炼自己的逻辑能力和创造力，为未来的学习和生活打下基础。

4. 问题解决后，教师通过夸赞和奖励给予了幼儿正面的反馈，不仅增强了幼儿的自信心，还让幼儿相信自己的能力，提高了积极性，正面的反馈使孩子们更加愿意参与到各种活动中，努力展现自己的才能，从而更好地参与幼儿园的生活活动。

▶ 保育指导

《评估指南》中提到保育教师要发现和支持幼儿有意义的学习，采用小组或集体的形式讨论幼儿感兴趣的话题，鼓励幼儿表达自己的观点，提出问题、分析解决问题，拓展提升幼儿日常生活活动中的经验，帮助幼儿建立合理的生活常规，引导幼儿根据需要养成良好的生活习惯。

1.强化秩序教育。借助幼儿认知的生活事例及方式方法，循序渐进地培养幼儿秩序意识。同时，有目的地锻炼幼儿调节自身情绪与行为的能力，使其能够更好地掌控自我，提升自我管理水平。

2.倡导主动思考，给予正面反馈。积极地鼓励幼儿展开思考，充分激发他们的思维活力，培育其独立解决问题的能力。及时且恰到好处地给予幼儿肯定和奖赏，从而增强他们的自信心，唤起其积极性，使幼儿更积极主动地参与各类活动。

3.培养良好习惯。在日常生活之中，引导幼儿养成诸多良好习惯，例如有序拿取衣服、整理物品等。通过这些习惯的培养，让幼儿形成有序、自律的生活方式，为未来的成长与发展筑牢坚实的基础。

4.应依据幼儿的特点和实际情况，精准地引导幼儿开展恰当的生活活动。通过持续地引导和教育，协助幼儿树立正确的观念和行为模式，推动幼儿健康、快乐地成长。

（中国电科网络通信研究院幼儿园　王奕丹）

第六节　劳动习惯保育要点

一、自理劳动习惯的保育要点

＊观察幼儿在独立拿取健康卡、椅子、点心、游戏材料、水杯等物品时，拿取方法和行进路线要安全、准确，及时发现和制止不安全的行为。

＊提醒幼儿在洗手、洗脸、漱口时遵照科学方法，讲卫生。

＊对于个别穿脱、整理衣物、拉拉链、扣扣子等有困难的幼儿，给予必要的照料。

二、自发性集体劳动习惯的保育要点

＊加强巡视，观察幼儿在饲养、种植劳动时正确使用、操作各种工具，发现不安全因素及时纠正和制止。

＊观察幼儿集体劳动、值日生劳动、个别委托劳动过程中明确劳动内容，协助教师指导幼儿劳动。

＊提醒幼儿习惯养成，劳动后及时清洗手部，注意手口卫生。

三、自主性探索劳动习惯的保育要点

＊提醒幼儿正确使用劳动工具，如剪刀、笤帚、簸箕、抹布等，加强巡视，及时制止不正确的行为，督促幼儿有序取放工具。

＊协助教师鼓励幼儿探索包饺子、剥皮（壳）进餐、水果拼盘、特色小吃、烘焙、木工等手工劳动，给予特殊幼儿特别照料。

＊组织幼儿洗手、如厕、饮水等。

新时代"小雷锋"

视频二维码

▶ **场景描述**

场景一：

雷锋的故事讲述结束，师幼关于"劳动""爱心"展开讨论，孩子们对"雷锋精神"有了自己的见解。佑佑、浩语两个小朋友说，可以帮助弟弟妹妹们穿衣穿鞋，他们的提议得到了其他小朋友的支持。

场景二：

为弟弟妹妹们穿衣穿鞋的劳动环节，小朋友们却陷入了争论之中。有的小朋友认为穿衣服要从第一个纽扣系起，有的小朋友则说从最后一个纽扣系起才好穿衣服。想了一会儿，佑佑对浩语说："咱们两个按自己的想法先试试看，到底谁的更好！"一个从第一个纽扣系起，一个则从最后一个纽扣系起。突然两人哈哈大笑，从下面往上系的小朋友的衣服纽扣系错位了，佑佑笑着说："要从第一个纽扣系起来会更好。"教师说道："小雷锋们，劳动可大有学问，用你们的双手去探索劳动智慧，照顾好弟弟妹妹们吧。"

▶ **现象解读**

本案例中幼儿独立自主进行为弟弟妹妹们穿衣服劳动，并在劳动的实践中积累劳动经验。活动过程中，老师为幼儿创设了劳动实践场地，在看到孩子们的争论时，老师并未第一时间给出正确答案，而是引导幼儿探究、试错、重复，与幼儿一起分享劳动经验。

幼儿对劳动经验的积累是不断丰富的过程，针对幼儿劳动过程中存在的问题，教师不必焦虑，更无须第一时间纠正。要鼓励幼儿表达自己的观点，提出问题，根据实际情况，分析解决问题，从而有效提升幼儿日常生活和劳动中的经验。

▶ **保育指导**

1. 注重对幼儿引导，形成正确的劳动观念

幼儿劳动经验的获得是在亲身体验、实际操作、直接感知的过程中建构的，在幼儿劳动的过程中，针对幼儿存在的不同意见，教师要鼓励幼儿大胆尝试、认真观察，从而自主调整认知，在劳动中形成生活经验。

2. 注重劳动教育过程，发挥劳动的育人价值

幼儿劳动教育要兼顾过程与结果之间的关系。劳动过程中，保育员要给予幼儿足够关注和指导，增强幼儿劳动的幸福感、获得感、归属感，并及时给予鼓励支持，促进幼儿形成良好劳动习惯。

3. 注重劳动开展的长效性，推动劳动教育常态开展

对幼儿的劳动教育，应当贯穿于幼儿教育的始终。在劳动过程中，教师要积极为幼儿设计长效的劳动目标，积极以"长期目标"代替"短期目标"，让劳动成为幼儿自觉遵循的风尚。

（枣庄实验幼儿园　刘梦）

微信扫码

AI 教学助手
内容图谱
知识图卡
保育笔记

钱草"搬家"

▶ **场景描述**

场景一：

班级种植区的铜钱草长得越来越多，为了让它有更好的生存空间，孩子们想要为铜钱草换一个新"家"。经过商量，孩子们把铜钱草搬到走廊里，随后他们发现部分铜钱草太阳照射不到。孩子们开始思考：哪里的空间大，而且还能照射到阳光呢？

泽泽："搬到操场上的菜园吧，那里每天阳光都很充足。"恒恒："而且空间也很宽阔。"

93

他们的建议得到大家的认可。于是，孩子们一起将所有的铜钱草搬到菜园进行浇水养护。

场景二：

一段时间后，泽泽发现铜钱草上的叶子发黄了；小沐发现有的铜钱草长得特别高，盖住了其他铜钱草的阳光。

教师："我们可以采用什么方法降低铜钱草的高度呢？"

泽泽："可以拿剪刀剪掉，我见过马路上的叔叔修剪枝叶。"

教师："铜钱草是一种可以不断快速生长的植物，修剪后也可以很快生长出来。"

小朋友们定期修剪长得旺盛的铜钱草。

现象解读

1. 主动参与劳动，体验劳动过程

孩子们在发现铜钱草需要更好的生存环境后，主动提出并参与到为铜钱草搬家的劳动中。这种行为展现了孩子们对植物的关心和责任感，也体现了他们愿意为集体作出贡献的积极态度。孩子们在给铜钱草搬新"家"的过程中，发现植物的生长需要考虑多方面，遇到阳光照射不足等问题后主动提出更换环境以便于铜钱草更好地生长。同时积极主动参与搬运、浇水、修剪等养护工作，体现了孩子们热爱劳动的良好习惯。

2. 丰富自身经验，优化劳动质量

孩子们的经验在活动中不断被丰富，在他们发现铜钱草的叶子变黄后，依然能持续寻找解决办法，比如使用工具修剪，保证剩余部分接受充足的阳光，凸显出孩子们持续研究和解决问题的能力，这些能力有助于他们在实践探究中优化劳动的质量。

保育指导

1. 铜钱草"搬家"活动是从孩子自身兴趣点出发，需要他们反复在实践中了解铜钱草的生长环境，从而内化为自己的经验。教师要引导孩子们树立正确的劳动观念，让他们明白劳动的意义和价值，同时让孩子们学会尊重劳动成果，珍惜自己的劳动付出。

2. 在劳动中，教师应与孩子们讨论正确的劳动技能和方法，比如怎样正确搬运铜钱草、浇水量的多少、如何修剪枝叶等。这些技能的掌握可以帮助孩子更好地完成劳动任务，提高劳动效率。

3. 铜钱草搬"家"对于孩子们来说具有一定的挑战性。难免在活动中遇到困难，教师可以适时抛出问题，给予一定的支持。教师要鼓励孩子们在劳动过程中多观察、多思考，发现问题后及时提出并尝试解决，不仅可以锻炼孩子们的思维能力，还可以培养他们的实践能力和创新精神。

4. 教师可以鼓励孩子们定期观察植物的生长情况，并记录观察结果，有助于孩子们更深入地了解植物的生长习性，及时发现并解决问题。

（石家庄市第三幼儿园　高新宇）

"值"不"值"

视频二维码

▶ **场景描述**

场景一：

在班级幼儿喝完水之后，教师让谦谦小值日生擦拭喝水后桌面的水渍。就这样经过几天时间，谦谦发出感叹："我不想擦了！"教师在和谦谦的聊天中得知，谦谦感觉每次擦桌子很无聊。

场景二：

午餐过后，教师请谦谦和其他两个小朋友一起帮忙收拾垃圾盘。刚开始，谦谦很积极，但没过一会儿，他收拾得比那两个小朋友慢，然后泄气地说："我不想收垃圾盘了。"教师："是你自己选择收拾垃圾盘的，为什么还没收拾完就不想收拾了呢？"谦谦回答："我觉得我干得没有他们好。"

▶ **现象解读**

幼儿在劳动中常常会出现忘记自己的任务，半途而废，或遇到困难退缩等问题。在班级里，谦谦的自理能力很好，经常是其他幼儿学习的榜样，他能积极参与"值日生"活动，可见谦谦是有劳动意识的，但也出现了畏难情绪和缺乏坚持性现象。在他眼里"值日"是单一的、枯燥无味的，是没有人陪着一起玩的游戏。如何利用"值日生"劳动的契机，培养幼儿克服困难的勇气和坚持不懈的意志迫在眉睫。

▶ **保育指导**

1.让幼儿自主制定值日工作内容、轮换时间与方式；及时与主班教师沟通反馈，商讨解决办法。班级幼儿由于有值日生的相关经验，说起工作内容可谓滔滔不绝：发筷子、发盘子、浇花……教师和孩子一起梳理值日生的工作内容，引导他们根据一日活动的时间安排，把自己梳理的内容画下来，然后进行分类、整合、筛选，最后制订出班级值日内容，并画出方法步骤及轮换时间。让幼儿明晰自己要做的事、应该怎样做、做多久轮换，做到心中有数。

2.教师与幼儿一起制定值日公约，用简笔画和标记的形式将自己的意见表达出来，形成共识，班级"值日公约"成为幼儿自觉遵守的规范和要求。

3.经验分享，互相学习，共同进步。充分让孩子感受参与劳动的乐趣，把幼儿的劳动当成游戏来做，给幼儿的劳动建立一定的目标且设定不同层次，让幼儿能完成，建立自信心，更愿意去享受自我服务和服务他人的过程，体验劳动的意义。

（中国电科网络通信研究院幼儿园　马曼）

"草草"了事

▶ 场景描述

　　每次散步的时候，农场里的小花园总是引来孩子们的驻足，最近小花园里的杂草渐渐多了，显得杂乱又不美观，怎么办呢？孩子们纷纷发表建议说：可以让小羊来吃掉、可以让小兔子把这些草吃掉……"我觉得我们可以用手拔。"没想到天天的这个提议得到了大家的一致赞同。接着他们的除草行动开始啦……

　　孩子们走进农场小花园，弯着腰，蹲下身，左一下、右一下地拔起草来。刚拔几根，就听见他们叹息的声音："哎呀，土太硬了，草都拔断了。"慧慧伸着小手说："我的手好痛啊。"教师看着无助的孩子们，说："如果戴个手套拔草，小手是不是就不会痛了？"说完教师给孩子们每人发了一副小手套。孩子们在戴手套过程中发现手套两面不一样，一面是带小焦点比较粗糙的，一面是没有的。有的孩子戴反了手指不舒服，有经验的天天告诉同伴手套有正反、分左右手。过程中教师告诉孩子们每根手指要和手套的手指套一一对应匹配才能戴上，经过教师和同伴的提示后孩子们都戴好了小手套。

　　戴好了手套，大家又开始拔草了，忙碌又可爱的身影在阳光下一晃一晃的，显得格外吃力。有的小草被拔断了，根却拔不动。草根如果不除掉，还是会长出来的。有没有好的办法能把草除干净呢？孩子们想出许多其他除草的方法，有的说用镰刀割，有的说用小铁锹挖，还有的说用玩沙的小耙子……这些方法可行吗？教师说："老师去帮你们借点工具来。"教师刚取来工具，壮壮就兴奋地说："老师，我知道这个叫铲子，这个可以把草铲下来。""那个锄头也可以，我奶奶在菜园除草就用的这个。"安安说。可是这些工具都好锋利啊。老师问："这么多工具，在使用它们时，我们应该怎样保护自己和别人，才能避免受伤呢？"悦悦："锄头很危险，很容易碰到别的小朋友，要远一点。"然然："我们要小心，用铲子时不要把泥土弄进鞋子里。"羽惜："铲子很锋利，铲的时候不要对着小朋友。"丁丁："小手要离铲子远一点儿。"教师将这些注意事项再次进行了强调，之后，就带领孩子们接着锄草了。人多力量大，很快，农场小花园里的杂草就被除干净了，看上去整齐且漂亮多了。

▶ 现象解读

1.幼儿喜欢接触大自然，对周围的很多事物和现象感兴趣，经常问各种问题，或好奇地摆弄物品。看到农场花园里杂草丛生，孩子们都表达了自己的除草想法，由于缺少生活和劳动经验，不知道该如何清除杂草，最简单和直观的方法就是用手拔，可是嫩嫩的小手怎能经受得住？于是教师为幼儿提供了手套，来保护幼儿的小手，同时引导幼儿掌握了独立正确戴手套的方法。

2.对于除草工具的使用，幼儿虽不陌生，但更多的是在沙土游戏中的运用，如果用来锄草，并且连根除掉的话，是需要一定技巧和体力的。工具的安全使用是需要在活动前让幼儿明确的，这样才能避免幼儿在劳动的过程中受到意外伤害。将劳动教育综合主题活动、区域游戏和生活环节，来促进幼儿的劳动知识、劳动技能、劳动态度、劳动情感和劳动精神等方面的发展，使幼儿乐于动手的创造表现、审美感受有一个立体的呈现方式。

▶ 保育指导

1. 做好除草前的防护准备工作。

2. 教师首先要检查幼儿的衣着，尽量要穿长袖、长裤等有防护作用的衣物，既能防止蚊虫叮咬又能避免草叶划伤皮肤。

3. 指导幼儿掌握正确戴手套的方法，并能独立戴好小手套，这样在拔草的过程中能有效地保护小手不被划伤，减少泥土对手部皮肤的伤害。

4. 教师要向幼儿讲解工具的正确使用方法和安全注意事项，帮助幼儿充分认识工具的作用和隐藏的危险性，要学会正确使用除草工具。

5. 生活中处处是孩子体验的机会，教师要让孩子去实践、去劳动，感受劳动快乐的同时，学会如何做好防护来保护自己，让孩子们在劳动中得到锻炼，在劳动中健康成长。

（中国电科网络通信研究院幼儿园　林平菊）

第七节　自我服务保育要点

幼儿自我服务能力是指幼儿在自己的直接感知，亲身体验和实际操作过程中获得照料自己生活的简单劳动能力，具体包括在游戏自理、生活自理和学习自理三方面。

《指南》中指出：幼儿要具有基本的生活自理能力，鼓励幼儿做力所能及的事情，提供有利于幼儿生活自理的条件。幼儿自我服务能力也是独立性发展的第一步，是保证孩子全面发展的基础素质之一。随着社会的发展，时代的变迁，如今大部分都是独生子女，备受家长的疼爱，导致幼儿形成以自我为中心，缺乏自我服务能力，从幼儿入园开始就要培养幼儿的自我服务意识及能力。

1. 小班幼儿从家庭到幼儿园，开始了真正的群体生活，自我意识已经萌芽，呈现出了好动、好奇的年龄特征。其具体表现为：总不知疲倦地进行活动，对任何事情都感到新鲜，爱探索等，而一日生活的固定环节日复一日，对建构儿童的秩序感和安全感有很大帮助。

2. 中班幼儿正处于自我意识和自我认知的发展阶段，需要培养幼儿自理能力，如自己吃饭、自己整理衣服等。教师要为幼儿提供适当的环境，还要将物品放置在他们可以轻松拿取的地方，以便他们随时自助。

3.大班幼儿已经具备了一定的自我服务能力，身体的各个肌肉群都有了一定的发展。培养他们的服务才能，务必从自我服务开始，再到为集体、为别人、为社会服务，让他们感受到服务的乐趣。

保育要点：

1.增强幼儿生活自理的意识。要尽可能让幼儿自行完成生活里的各种活动，不能过度依赖他人，要培养他们形成生活自理的意识，教导他们如何生活自理，逐渐引导他们打理生活。

2.注重训练生活自理能力。协助幼儿掌握基础的生活自理技巧，不断地创造各种条件，让他们通过多次练习改正错误的方法，不适宜过多干预以及提供帮助，相信他们可以通过多次练习，逐渐掌握基础生活自理能力。

3.提高自身素质，了解幼儿发展特点。教师要保持观察幼儿的行为习惯，了解他们的能力水平，跟踪记录他们的不良习惯，对问题的根源进行分析，加强自己的专业素养，在一日活动中有的放矢地、耐心地、有针对性地对幼儿进行指导教育。

4.灵活教育机智，教给幼儿自理技巧。教师要留意细节，在幼儿的一日生活中融合生活技能教育。组织丰富多彩的主题活动、师幼共同约定的生活规则、良好安全的环境氛围、有趣的游戏迁移来促进幼儿对生活自理能力技巧和要点的吸收。

5.家长榜样示范作用。组织家长交流会、讲座、家园活动引导家园共育，及时更新教养观念。在家庭生活中实际运用自理技巧。上行下效，从小事做起，跟幼儿园保持相同的进展，为培养幼儿生活自理能力，共同创造理想的环境条件。

幼儿自我服务能力的培养绝不是一朝一夕的事，成人对孩子们的帮助也不在于多少，而应始终坚持不懈地激励、支持、指导孩子，了解孩子的心理特征，在日常生活中挖掘好的教育素材，掌握教育契机，促进其发展。

微信扫码
● AI 教学助手
● 内容图谱
● 知识图卡
● 保育笔记

视频二维码

我打不开

▶ **场景描述**

场景一：

午点时间，庭庭吃奥利奥时用牙齿咬了咬包装袋打不开，他没有请求他人帮助，也没有借助任何工具，而是选择将食品带回家，想让妈妈帮着打开。

下午区域活动时间，教师与庭庭一起玩了剪纸游戏，并在晚离园时间和家长进行沟通，建议家长引导孩子自己打开包装袋，减少主动帮助。

场景二：

第二天午点时间，观察到庭庭尝试了一次自己撕，发现撕不开后，主动拿剪刀在包装袋上横着剪了口，拿出里面的小蛋糕高兴地吃起来。

▶ **现象解读**

1.父母平时包办代替的情况比较多，所以当庭庭只尝试了一次用手撕、牙咬无法打开饼干袋，也没有选择借助其他工具去尝试，他还是习惯性地去依赖父母，第一时间想到的是带回家让妈妈帮他打开。这说明庭庭缺少求助意识，不知道应该向教师和小朋友求助，反映出他在生活中自己独立完成一些日常生活必需的任务较少，不能积极尝试不同的方法来处理问题，而是单一寻求妈妈的帮助。

2.教师发现后没有进行直接干预，而是遵循庭庭的意愿同意他将午点带回家。通过区域活动巩固幼儿使用剪刀的技能，为以后自我服务打好基础。

3.为帮助他建立更多的自信，教师没有让他在活动后尝试去剪包装袋，而是晚离园时与家长沟通，让他回家后尝试练习。这样有更充足的时间在放松的氛围感中给予孩子足够的支持和鼓励，锻炼其自我服务能力。

▶ 保育指导

《评估指南》在生活照料方面提到指导幼儿进行餐前准备、餐后清理、图画书与玩具整理等自我服务能力。当幼儿遇到问题或是不能完成时，需要家园合力，采取不同的寓教于乐的策略，使幼儿逐步学会自己的事情自己做，不会的事情学着做，困难的事情想办法做。幼儿自我服务能力的养成，有助于培养幼儿的责任感、自信心以及自己处理问题的能力，对幼儿今后的生活也会产生深远的影响。

1. 学会放手

家长不能因为任何原因而剥夺幼儿参与实践获得锻炼的机会。不过度溺爱，也不能过度放任，摆正心态，相信孩子，让孩子学习自我服务的技巧，提升自我服务能力。以身作则，有足够的耐心让孩子反复地练习，给予正确的指导和鼓励。

2. 学会寻求帮助

教师预设一些游戏，在游戏中会出现幼儿寻求帮助的困境，进行寻求帮助练习。善于发现幼儿在实践中的闪光点，鼓励他们大胆尝试，使其建立自信心，让他们更愿意去享受自我服务和服务他人的过程。

　　当孩子遇到问题时，教师不要急于介入，而是观察孩子的行为表现。如果孩子因为不会解决而苦恼，这时候引导孩子尝试求助，可以问孩子"你觉得应该怎么办？""你觉得谁可以帮你？"让孩子说出"请你帮忙"。当问题解决之后，可以告诉孩子，遇到自己解决不了的问题，可以向别人求助，帮孩子建立寻求别人帮助的意识。

（中国电科网络通信研究院幼儿园　王彤彤）

"筷"乐进餐

视频二维码

▶ 场景描述

场景一：

升入中班要使用筷子吃饭。今天中午吃的是大米饭和炒土豆丁，天天用手指扒拉着土豆丁吃，而且吃得身上、桌子上、地面上全是米粒和土豆丁。午饭快结束时，听到了天天哭着说："老师，我不想吃了，我夹不起来这个！"老师走过来告诉天天："没关系，不要着急，慢慢吃，我们都在陪着你。"

场景二：

在户外泥土区活动中，看到天天在扮演"妈妈"的角色，给小朋友"夹菜"。他拿着筷子夹一些石头块儿和树叶，开始的时候动作不熟练，小石子和树叶总掉，但是天天没有放弃，碗里的"食物"越来越多。

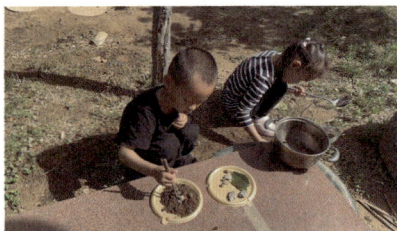

▶ 现象解读

1.在进餐环节观察到天天在使用筷子时是一把抓的方式，控制不住筷子，所以夹不住菜。天天使用筷子不够熟练，手眼协调能力没有得到一定的锻炼，不能很好地利用筷子将食物准确地放入嘴里。

2.教师给予天天成长空间，没有直接批评和指责天天将饭菜弄得到处都是，而是用语言引导并且鼓励他慢慢来，多尝试。

3.泥土区活动中，天天遇到困难时没有主动寻求帮助也没有停止游戏，而是不断地练习。教师也给予幼儿充足的时间，让幼儿练习使用筷子的技能。

▶ 保育指导

1.帮助幼儿提升正确使用筷子的技能，抓住幼儿使用筷子的关键期，对幼儿的鼓励很重要。每个幼儿都有一个学习使用筷子的过程，发现幼儿用筷子夹东西不利索或者把饭菜弄得到处都是的时候，不要责备也不要否定幼儿的能力，耐心引导幼儿正确使用筷子的方法，用语言去安慰和鼓励幼儿。

2.利用餐前、区域、家园游戏，提升幼儿用筷子的能力。在餐前准备工作时，通过儿歌帮助幼儿学会正确使用筷子的手势；在区域活动中，创设"夹豆豆"和"筷子投喂"的小游戏，锻炼幼儿手部小肌群的灵活性和手、眼、脑的协调能力。

3. 搭建家园沟通平台，共同培养幼儿使用筷子的技能。教师与家长勤沟通，鼓励家长为幼儿树立良好的榜样，多为幼儿示范正确使用筷子的动作，让幼儿进行模仿练习。同时给幼儿提供用筷子的机会，独立进餐，积极帮助幼儿培养良好的就餐习惯，提升幼儿的自我服务意识。

（中国电科网络通信研究院幼儿园　郝瑞欣）

"藏"起来的帽子

视频二维码

▶ **场景描述**

场景一：

户外活动之前，幼儿自己穿外套。辰辰穿完衣服、排好队以后，教师发现辰辰脖子后边的衣服鼓鼓的。于是，教师上前帮忙查看，发现辰辰的帽子在衣服的里边。教师发现其他幼儿也有衣领不舒展的情况，于是对幼儿进行指导，示范整理衣服的方法。

场景二：

第二天户外活动前，教师发现孩子们都多了一个整理的动作，每个小朋友的衣服都很整齐。

▶ **现象解读**

1.幼儿喜欢户外游戏活动，在出去之前穿衣服速度较快，能自己穿外套，但是幼儿穿外套时还需注意细节方面，帽子、衣领等容易被忽略。

2.教师发现后，可以通过整理自己的衣服向幼儿示范，让幼儿学会自己整理衣服的方法。大班幼儿学习能力强，通过教师指导，幼儿发现细节问题，并学会了整理衣服。

3.在日常生活中，家长包办代替的现象颇多。当家长发现幼儿衣服不整齐时，一般会直接帮助幼儿整理，而不是请幼儿自己整理衣服，导致幼儿没有整理衣服的习惯。

▶ **保育指导**

1.提升幼儿自理能力的意识。通过引导幼儿讨论、尝试各种穿衣服的方法，发现穿外套时帽子不被藏起来的方法，让幼儿学会注意自己的仪表。

2.在区域活动中，创设"自我服务角"。投放一些生活用品，学习分类整理和收纳衣物、图书、玩具等，在自我服务中，帮助幼儿树立自信心，培养良好的劳动习惯及责任感。

3.家长适时放手，让孩子成为自我服务的主人。引导家长正确地指导孩子进行自我服务，并适当地放手，给孩子自我服务的机会。

（中国电科网络通信研究院幼儿园　陈蓉）

我的牙乖乖

视频二维码

▶ 场景描述

　　吃完午饭，孩子们排队准备去盥洗室漱口擦嘴。教师抬头看了一眼佳佳，发现她前胸上湿了一小片，于是走过去问她怎么回事。此时，教师看到她正嘴里含了一口水并发出咕噜咕噜的声音，这时候水随着声响流了出来，弄湿了衣服。教师认真地看着佳佳说："宝贝，你这样漱完口衣服就都湿了，可是牙乖乖想好好洗个澡，漱口应该是这样的。"教师说完拿起碗接上水喝了一口，没有张开嘴而是闭着来回咕噜几下，之后吐水，再喝水再吐水，这样来来回回进行了三次。一系列的动作做完，身边已经围了许多小朋友了，幼儿看完教师漱口，都端起自己的小碗模仿起来。佳佳也学着老师再一次练习了漱口的动作，漱完口对老师说："张老师，你看我的牙乖乖白不白？"老师笑了笑说："真白！现在我们去换一件衣服吧。"

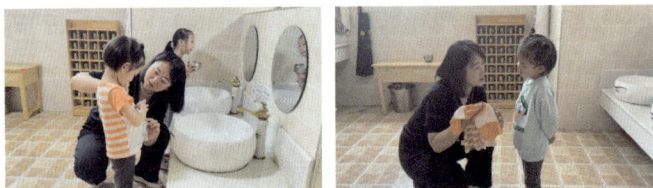

▶ **现象解读**

1. 在幼儿园的日常活动中，经常可以观察到幼儿在漱口时表现出玩水行为。他们可能会故意让水流淌，或将漱口水含在口中喷溅，享受水流带来的乐趣，这种行为不仅影响了漱口的实际效果，还可能增加意外发生的风险。

2. 水对幼儿来说具有吸引力和乐趣，从心理角度看，主要源于他们天生的好奇心和探究欲望，因此他们在漱口时会不自觉地将这一过程当作游戏。此外，幼儿也可能想通过玩水来引起教师或其他幼儿的关注。

3. 虽然玩水漱口的行为可能带来一些负面影响，但也可以从中挖掘出教育意义。教师可以通过这一现象，引导幼儿认识水的特性和用途，教育他们节约用水和保护水资源的重要性。同时，教师可以通过组织有趣的漱口活动，引导幼儿正确的漱口方法，帮助幼儿建立正确的漱口习惯，培养他们良好的个人卫生意识。

4. 教师在与家长沟通时发现，幼儿在家漱口时也会玩水，有时候会弄得家里的地上都是水。建议家长在家中也为孩子树立正确的漱口习惯，并在漱口时给予适当的指导和监督。家长还可以与孩子一起参与漱口的游戏和活动，增进亲子关系，促进孩子良好卫生习惯的形成。通过家园合作，共同为幼儿的健康成长和良好习惯的养成努力。

▶ **保育指导**

老师应该向孩子们展示如何正确地漱口，站在孩子们面前，慢慢地用清水漱口，让孩子们看到整个过程。同时，可以配合简单讲解，让孩子们明白漱口的步骤和要点。

1.引导孩子模仿：在示范之后，老师可以引导孩子们模仿自己的动作进行漱口。让孩子们站在自己的位置上，模仿老师的动作，逐步进行漱口练习。

2.耐心指导：在孩子们进行漱口练习的过程中，老师需要耐心指导，确保每个孩子都能够掌握正确的漱口方法。对于漱口过程中出现的问题，老师应该及时给予指导和纠正。

3.给予鼓励和表扬：当孩子们成功完成漱口练习时，老师应该给予鼓励和表扬，增强孩子们漱口的信心和兴趣。同时，可以通过奖励等方式激励孩子们更好地掌握漱口技能。

4.定期监督和提醒：除了以上的指导步骤外，老师还应该定期监督和提醒孩子们进行漱口。在孩子们日常生活中，可以定期检查孩子们的口腔卫生情况，并提醒他们进行漱口。

（中国电科网络通信研究院幼儿园　张钰）

第八节　康复干预保育要点

随着现代生活节奏的加快，儿童健康问题日益受到社会的关注。在幼儿园这个温馨的小天地里，有一群特殊的孩子，他们或因生长迟缓、缺铁性贫血、营养不良、反复感染、肥胖等问题而被称为"体弱儿"。这些孩子，无论是先天遗传还是后天生活习惯所致，他们的健康成长更是牵动着每一位家长和老师的心，都需要我们给予更多的关注和呵护。体弱儿更需要全方位的康复干预和保育措施，已然成为幼儿园保育工作的重中之重。

一、体弱儿的成因分析

体弱儿的形成并非偶然，其背后有着复杂的原因。

1.不合理的膳食结构是重要原因之一。部分孩子摄入过多奶类，而谷类、蔬菜、豆制品等摄入量不足，导致营养不均衡。

2.不良的生活习惯，如作息不规律、长期晚睡晚起等，会影响孩子的食欲与情绪，降低机体免疫力，容易引发感冒、发热等呼吸道感染。

3.活动量过大或过小也会影响孩子的体质。活动量过大可能导致体能消耗过大，而活动量过小则会影响食物消化吸收和进食量。

4.先天遗传因素也是体弱儿形成的原因之一。先天不足、早产儿、低体重儿等容易转变为体弱儿童，而父母的遗传因素也会对子女产生一定影响。

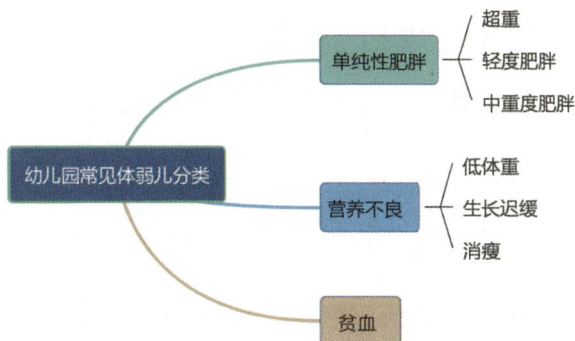

```
幼儿园常见体弱儿分类 ┬ 单纯性肥胖 ┬ 超重
                     │            ├ 轻度肥胖
                     │            └ 中重度肥胖
                     ├ 营养不良 ┬ 低体重
                     │          ├ 生长迟缓
                     │          └ 消瘦
                     └ 贫血
```

二、体弱儿的康复干预策略

针对体弱儿的问题，幼儿园需要采取一系列康复干预策略，帮助他们恢复健康。

1.建立精细的档案体系至关重要。保健老师应为每位体弱儿建立管理档案，制订改善体质计划。每月定时测量体弱儿的身高、体重并进行计算，记录在档案中，以便随时观察，干预幼儿肥胖、低体重的现象。此外，幼儿园还需要指导家长在家中进行定期身高和体重的监测，以便更好地了解孩子的身体情况。

2.科学康复运动管理也是关键。除了保证体弱儿吃得好、睡得好，更重要的是要让他们参加户外活动，开展体育锻炼，增强体质，促进生长发育。幼儿园应根据体弱儿的不同年龄特点，设定不同的运动游戏，并定期带领他们进行户外锻炼。同时，要保证每天有2小时的户外活动时间，分布在一日之中，做到动静交替。活动量由小到大逐步增加，达到锻炼的目的。此外，还需要根据幼儿的个性特点，适当增加运动量，保证幼儿健康。

同时，幼儿园可以邀请专业体育教练或医生为孩子们进行运动指导和健康检查，确保他们在锻炼过程中安全有效。

3. 科学营养膳食管理同样重要。营养是体弱儿康复的关键因素之一。幼儿园应建立科学的膳食制度，保证孩子们能够摄入全面均衡的营养。在食材的选择上，应注重新鲜、多样、营养丰富；在烹饪方式上，应注重色香味俱佳，激发孩子的食欲。

此外，幼儿园还可以定期开展营养知识讲座和实践活动，让孩子们了解营养的重要性，学会合理搭配食物，培养健康的饮食习惯。幼儿园期间，班级教师应引导体弱儿养成良好的饮食习惯。单纯性肥胖儿以控制饮食为原则，在保证儿童生长发育的前提下逐渐减少体脂，适当控制热能，严格限制高脂高糖饮食。营养不良患儿则应以保证进食量为主，如蛋白质不足应增加动物性食物及豆制品等。同时，需要注重保教良好习惯培养，根据幼儿的进食心理，创设良好的进食环境，培养良好的进食习惯。

4.注重个性化教育，因材施教。每个体弱儿的情况都是独特的，因此，幼儿园需要为每个孩子制订个性化的教育方案。这包括针对孩子的身体状况、兴趣爱好、学习能力等方面制订合适的教学计划和活动内容。

在教学过程中，教师应注重激发孩子的学习兴趣和积极性，采用多种教学方法和手段，如游戏化教学、情境教学等，让孩子在轻松愉快的氛围中学习成长。同时，教师应关注孩子的心理变化，及时给予关爱和支持，帮助他们建立自信，克服自卑心理。

5.家园共建互通共育机制。体弱儿的康复之路离不开家庭和幼儿园的共同努力。家长是孩子的第一任教育者，他们的言行举止、生活习惯都会对孩子产生深远的影响。因此，幼儿园需要与家长建立紧密的沟通机制，共同制订康复计划，确保孩子在园内外都能得到一致的照顾和教育。

幼儿园可以通过家长会、家园联系册、微信公众号等渠道，向家长宣传体弱儿康复的知识和方法，提高家长的育儿水平。同时，可以邀请专业医生或营养师为家长开设讲座，解答他们在育儿过程中遇到的困惑和问题。

体弱儿的康复干预保育工作是一项系统工程，需要幼儿园、家长和社会共同努力。通过建立精细档案体系、科学康复运动管理和科学营养膳食管理等多方面的措施，我们可以为体弱儿创造一个良好的成长环境，帮助他们恢复健康、茁壮成长。同时，我们需要关注体弱儿的心理健康，给予他们更多的关爱和支持，让他们感受到温暖和关爱。让我们携手共进，为体弱儿的健康成长贡献一份力量。

微信扫码
- AI 教学助手
- 内容图谱
- 知识图卡
- 保育笔记

灵活的身体

▶ **场景描述**

场景一:

早晨的阳光洒满了幼儿园的大门,家长们纷纷送孩子们入园。家长们之间交流着孩子的近况,其中一位家长担忧地说:"我家孩子最近体重又在增长,真担心他的健康。"另一位家长则建议:"可以控制一下孩子的饮食,少食多餐,营养均衡搭配可能会好一些。"

场景二:

户外活动时,小朋友们正在兴高采烈地玩着游戏。突然,佐佐小朋友离开了队伍,走到一旁的地板上坐下。老师注意到后,走过去询问情况。佐佐满头大汗,气喘吁吁地说:"我太累了,不玩了,不玩了。"老师安慰他:"小勇士,不要怕困难,我相信你能拿到前面的红旗。我们先集体休息一下。"

▶ **现象解读**

场景一中的对话揭示了家长对孩子体重增长的担忧,也暗示了家庭教育和饮食习惯对孩子健康的影响。而场景二中,佐佐小朋友因体力不支而放弃游戏,更是凸显了肥胖对孩子们身体素质和运动能力的限制。

这两个场景虽然看似平常，却折射出了现代幼儿教育中一个不容忽视的问题——儿童肥胖。随着生活水平的提高，孩子们的饮食越来越丰富，但也带来了肥胖等健康问题。肥胖不仅影响孩子们的身体发育，还可能引发一系列健康问题，如心血管疾病、糖尿病等。因此，幼儿园作为孩子们成长的重要场所，应该承担起健康干预和保育指导的重任。

▶ 保育指导

1. 注重饮食教育。通过合理安排孩子们的饮食，提供营养均衡的食物，减少高热量、高脂肪的食物摄入。同时，可以引导孩子们养成良好的饮食习惯，如定时定量、细嚼慢咽等。这样不仅有助于控制体重，还能培养孩子们的健康生活方式。

2. 加强体育锻炼。通过组织丰富多样的户外活动，如跑步、跳跃、攀爬等，让孩子们在游戏中锻炼身体，提高身体素质。同时，可以根据孩子们的年龄和兴趣，制订个性化的运动计划，让孩子们在享受运动乐趣的同时，达到锻炼身体的目的。

3.进行健康监测和评估。定期对孩子们进行身高、体重等指标的测量和评估，及时发现超重或肥胖等问题。针对这些问题，幼儿园可以制订个性化的干预计划，如调整饮食、增加运动等，帮助孩子们改善身体状况。

4.加强与家长的沟通和合作。通过定期举办家长会、健康讲座等活动，向家长传递正确的育儿观念和健康知识。同时，可以鼓励家长参与到孩子的健康干预中来，共同关注孩子的健康问题，形成良好的家园共育氛围。

（中国电科网络通信研究院幼儿园　王莹）

守护"视"界

▶ **场景描述**

孩子们检查视力的结果中有几名小朋友有不同程度的眼睛问题。

早晨入园时，有一名家长反馈，孩子前两天刚散瞳不能有光线刺激，麻烦多注意一下。又有一名家长反馈，每周三都要早接，带孩子去按摩眼睛。

▶ **现象解读**

1.幼儿园每年都会进行视力检查，通过对比发现今年班级幼儿的视力回执单中多了几名视力出问题的幼儿，除客观因素外，幼儿面临的电子产品越来越多，户外活动时间相对减少，眼睛的发育会受到相应的影响，从而出现问题。

2.随着时代的进步，家长也开始重视视力保护的问题，选择专业的医疗团队进行康复干预按摩，让幼儿自己爱护眼睛，正确用眼。

▶ **保育指导**

《评估指标》中提到，按资质要求配备专（兼）职卫生保健人员，认真做好幼儿膳食指导、晨午检和健康观察、疾病预防、幼儿生长发育监测等工作，科学制定带量食谱，确保幼儿膳食营养均衡，引导幼儿养成良好饮食习惯。

0～6岁是孩子视觉发育的关键期，也是早期近视防控的关键期。我们应当重视孩子早期的视力保护与健康，及时预防干预近视等视力问题的发生。

1. 开展守护"视"界系列活动课程，并持之以恒

根据五大领域，开展爱护眼睛的系列活动，知道眼睛的结构，怎样正确用眼，了解护眼小常识，通过眼睛互动小游戏知道眼睛的重要性，学习眼保健操，养成持之以恒地保持爱护眼睛的良好习惯。

2. 家园携手感受大自然的馈赠

多参加户外活动，走进大自然中感受自然映入眼帘的美好，《评估指南》中也提到每天户外活动时间不少于两小时，体育活动时间不少于1小时。有趣又丰富的户外游戏不仅锻炼幼儿体能，还能缓解眼睛的疲劳，家园携手，多带幼儿进行户外游戏，大人勤快，"视"界绚烂。

3. 重理论，抓实践

有效利用身边的资源，邀请"爱眼博士"对教师与家长进行护眼专业知识培训。

4. 均衡饮食，不挑食、不偏食，保证营养全面

鼓励幼儿吃富含维生素 A、B2 胡萝卜素的食物，如深海鱼、动物肝脏、红萝卜、柠檬、蓝莓、果仁、西兰花、菠菜、胡萝卜等，对保护视力有一定帮助。

（中国电科网络通信研究院幼儿园　白琳雪）

特"需"而不特殊

▶ 场景描述

场景一（生活能力欠佳）：

入园前与家长沟通交流，苹苹和果果是一对早产的龙凤胎，从小得到父母的宠爱，父母很怕他们生病，所以很少带他们出去接触外面的人，在家每次苹苹和果果没有开口，父母就猜出他们的意图从而满足他们。试入园时，妈妈总是帮他们把玩完的东西收拾归位，给他们搬椅子并把他们抱坐在自己的位置；盥洗时给他们挽袖口、洗手，如厕时给他们穿脱裤子。上下楼时也是父母抱着来完成。所有的事情都是妈妈帮忙代替完成的，导致他们缺乏基本的生活自理能力。

场景二（情绪波动较明显）：

在玩桌面玩具时，苹苹和果果不和其他小朋友玩耍，两人也自顾自地玩，玩具筐里的唯一一个小汽车引起了他们的注意，果果先拿到在玩，苹苹看到后上手摸了一下小汽车，果果便大哭尖叫起来，苹苹则把小汽车扔了出去，躺倒在地上打滚儿。他们的情绪变得异常激动时，因为语言表达有限，只能用这种方式来表达自己的抗拒和不满。

场景三（未建立规则意识）：

户外活动，老师组织大家在活动区域进行走平衡木练习，所有小朋友都能跟随老师在指定位置进行游戏，只有苹苹和果果跑到一边玩耍，他们俩各玩各的，全程两人没有任何交流互动，老师想把苹苹和果果带回活动区域，可苹苹和果果没有听取老师的建议，出于安全考虑，另一名老师单独看着他们。集体排队时，两人也总是脱离队伍，跑到其他地方去玩。

▶ **现象解读**

1.先天原因：由于苹苹和果果是早产儿，存在发育迟缓的问题，语言表达比一般孩子慢，口语发展迟，吐字不清晰，体质较弱，运动能力差，生活自理能力相对薄弱。

2. 家庭环境因素：两个孩子处于溺爱的生活环境中，父母认为两个孩子是早产儿，过于特殊对待，长期生活在一个极其随意、无拘无束的环境。孩子想与父母沟通时，大人没有给予孩子说话的空间，使他们缺少了语言表达的机会。孩子受到了过分特殊的娇惯和保护。根本不必有任何表示，就有人为他们做好了，自然形成了他们特有的生活态度及行为。

3. 与外界环境的相对隔绝：父母因为苹苹和果果是早产儿，基本上天天在家，很少出门，他们两个没有接触过其他同龄幼儿，同伴交往能力和语言表达能力得不到发展和锻炼，使他们也没有和其他同龄同伴相处的愿望。在人际交往过程中也缺乏主动性和互动性，相应的生活技能也被剥夺，如谦让、学会等待等。

▶ **保育指导**

《评估指南》中指出，坚持儿童为本，尊重幼儿年龄特点和成长规律，注重幼儿发展的整体性和连续性，坚持保教结合；注重幼儿良好品德和行为习惯的养成，潜移默化贯穿于一日生活和各项活动中，帮助幼儿学会生活，养成自己的事情自己做的习惯。

对两名幼儿的干预由幼儿园干预和家庭干预两部分组成，幼儿园干预为主（即生活技能、同伴社交、规则建立）；家庭干预为辅（即学会控制情绪，提升幼儿情绪的管理）。

1. "熟悉"到"陌生"：苹苹和果果从熟悉的环境到了各方面都

陌生的幼儿园，他们的身心都不能很快适应，教师应帮助他们脱离熟悉的环境，接受陌生的新环境。幼儿与教师交往互动中建立平等、和谐的师幼关系，以幼儿为本体，干预和调整行为问题。老师要在他们需要帮助时，适当给予他们生活技能的指导。（如正确引导幼儿如厕盥洗、进餐；鼓励幼儿尝试自己上下楼梯）教师需要为幼儿提供学习和解决问题的机会，同时老师要对他们的点滴进步及时给予肯定与鼓励。

2. "个体"到"伙伴"：集体活动"找朋友"，设计意图是帮助苹苹和果果知道不是只有自己的哥哥（妹妹）才能成为朋友，班里所有的小朋友都可以成为好朋友。建构区域游戏"我的幼儿园"，设计意图帮助苹苹和果果熟悉新环境，让他们明白很多事情只靠他们自己是无法完成的，要学会合作，寻求同伴的帮助，从中体会到同伴合作的乐趣。

3. "自由"到"规则"：开展户外活动"开小车"，设计意图帮助苹苹和果果建立遵守规则的意识，建立初步的秩序感。规则游戏的设置，具有合作性质和示范性，游戏中不仅增加了自信心，还帮助苹苹和果果建立起了规则。

4. 家庭的干预也很重要。我们开展了多种家园合作互动，和苹苹和果果父母共同设计了亲子游戏，从绘本故事分享《我的情绪小怪兽》《生气汤》等，让幼儿从绘本故事中学习如何调整自己的情绪；

亲子互动游戏《情绪表情》，让苹苹和果果可以通过照着镜子表现不同的表情，用绘画的方式记录下来，和家长分享其情绪表情容易在哪发生，其情绪表情代表自己怎样的情绪。

幼儿在特"需"教育下学会生活技能，在特"需"教育下学会控制自己的情绪。他们被需要、被认可，每个特殊儿童都是独立的个体，存在着不同的教育需要，而不是专注的特殊照顾。

（中国电科网络通信研究院幼儿园　王亚男）

视频二维码

"管"不住

▶ 场景描述

场景一：

上课时，辰辰随意离开座位或把脚搭在别的小朋友身上，从兜里掏出贴画摆弄，有时钻到桌底，当老师讲的某个内容触及他的敏感神经，便抢着发表"想法"，制止他也毫无改变。

场景二：

户外活动时，大家都排好队准备下楼，辰辰在活动室或盥洗室磨蹭到最后一名，并不着急，或者在班里转来转去或拿一些不属于他的"奖励品"，户外时经常随意跑动，不听教师指令，按照自己的意愿行动。

场景三：

吃饭时，辰辰时常会把别人的碗移开，歪扭坐着挤到旁边的小朋友，当其他小朋友做出的行为使他不满，他会立刻大发脾气，在原地，或哭、或大喊。午睡起床时，从不主动起床，每次要等到小朋友开始吃午点时才慢慢起床，穿鞋、如厕、盥洗用很久的时间。

▶ **现象解读**

经过班级教师的观察、讨论，辰辰日常表现为与年龄和发育水平不相称、注意力不集中和注意时间短暂、活动过度和冲动，常伴有学习困难、品行障碍和适应不良，不仅影响幼儿园、家庭和校外生活，而且容易导致幼儿持久的学习困难、行为问题和自尊心低。

跟家长沟通进一步了解情况，父母说孩子在家备受溺爱，缺少约束力，有求必应；在待人处世方面大人很少引导教育，造成孩子的放任自流，以自我为中心的行为。父母之间关系不和谐，经常在孩子面前吵架甚至打架，孩子耳濡目染后，形成不良攻击行为。

孩子有孤独感，缺少与同伴的沟通，没有享受与人和谐交往的乐趣，使孩子没能接受规范化、系统化的学习与发展。孩子所表现出的恶作剧、小破坏有时并非真的坏品行，其中可能隐含着孩子渴望被关注，被重视的心理。孩子的不良行为不是一朝一夕形成的，对孩子的引导教育也不能急于求成，教师不能用有色的眼光去看孩子。

▶ 保育指导

1. 加强对孩子文明礼仪的教育，身体力行，强化孩子礼貌行为，不吝啬夸赞，在缓和关系后，让孩子也回应老师的问候；设"文明礼仪之星"激励孩子。对于孩子的霸道行为，帮助他建立良好的人际关系；让孩子护理植物角的植物，培养孩子的细心、爱心，缓解孩子的霸道之气；进餐环节，安排他帮小朋友们分发餐具，让小朋友们对他说一声"谢谢"，树立孩子形象，增强孩子的荣誉感，也增进孩子间的情谊。

2. 每当出现温和的好行为时，给予孩子奖赏和鼓励。而这期间，争取家长积极配合，家园共育双管齐下，消除孩子不良行为。对于孩子不守纪律，乱跑行为，可让他当小队长指挥幼儿，因职责在身，自豪感和责任感，使他更专注于对其他幼儿监督和管理。对于孩子午睡的不良行为，教师可轻轻抚摸孩子的头，这种安抚的小动作，会平静孩子焦躁的情绪。经过家园时常沟通，统一教育方式、目标，相信幼儿会逐渐缓解很多不良行为习惯。

（中国电科网络通信研究院幼儿园　张颖昱）

附录：评估量表

参考文献

[1]宋彩虹 . 幼儿生活活动保育 [M]. 上海：华东师范大学出版社，2020.

[2]李春华 . 幼儿园各年龄班生活活动的特点与教育策略 [M]. 北京：中国农业出版社，2021.

[3]幸福童年编写组 .《幼儿园保育教育质量评估指南》解读 [M]. 北京：开明出版社，2022.

微信扫码

AI 教学助手

内容图谱

知识图卡

保育笔记